Guérir
avec l'aigle

De la même auteure, chez le même éditeur

L'Arbre en moi, 2018.

ISBN : 978-2-38135-172-8

Note de l'éditeur : l'auteure et l'éditeur déclinent toute responsabilité provenant directement ou indirectement de l'utilisation de ce livre. Les déclarations faites par l'auteure concernant les produits, les processus ou les méthodes de traitements ne sauraient se soustraire à un avis médical.

www.editions-tredaniel.com
info@guytredaniel.fr
www.facebook.com/tredaniel.reflexion
@tredaniel_reflexion

Marie Anne Lemay

Guérir avec l'aigle

Accueillir, comprendre et traverser les épreuves de la vie

ÉDITIONS
VÉGA

À Marc-Antoine pour l'amour et la douceur dans la traversée
Aux guides bienveillants qui éclairent mes pas
À toutes les femmes qui nourrissent d'amour notre monde

Aigle
Vole haut
Touche le Grand Esprit

Partage ta médecine
Touche-moi, honore-moi
Ainsi je peux te connaître aussi

Sommaire

La traversée: journal de bord

Comprendre : la médecine de l'aigle

Traverser : la voie de l'aigle

Introduction

Ce livre s'est présenté à moi d'abord par une vision en rêve, il y a trois ans, dans laquelle j'ai clairement vu le titre : « Guérir avec l'aigle », ainsi que des cartes oracle en accompagnement, puis par une première canalisation reçue par Marc-Antoine, mon compagnon du moment, le jour de mon anniversaire. Cet ouvrage témoigne d'un passage initiatique dans lequel je partage avec vous les enseignements et les apprentissages reçus après avoir vécu un véritable chaos. Et la façon dont j'ai traversé cette voie de passage, de transformation intérieure guidée par l'invisible.

Tel un raz-de-marée, une série d'épreuves s'est présentée à moi ; éclatement de mon environnement familial, de mes relations, de mes identités, séparation d'avec mes filles, de mon lieu de vie depuis trente ans, révision de mon rôle de mère, épuisement moral, émotionnel, me trouvant dorénavant dans une région éloignée afin de prendre soin de moi et faire le deuil de ma vie d'avant. Cet éclatement, je le sais, se voulait salutaire et était l'appel de mon âme pour me reconnecter avec mon essence. Ma barque a été renversée afin que je plonge plus profondément à la source de mes peurs, mes empêchements, mes croyances et blocages intérieurs, ceux-là mêmes qui nuisent à ma liberté intérieure afin de vivre en paix et de répondre au projet que le Créateur a semé en moi. Je dus m'autoriser à me donner et me soigner. Cesser de me maintenir dans la souffrance pour vivre à l'image de mon âme.

Ce passage, je le comprends aujourd'hui, était une forme de mort chamanique.

La mort chamanique est une mort symbolique aux anciens modes de vie et à l'identité personnelle. Il s'agit d'un parcours initiatique qui aboutit au droit de guérir et qui octroie le titre de chaman en passant par la mort rituelle. La plupart de ces rituels agissent brutalement sur le corps, le cerveau et l'esprit. Il est difficile de découvrir aujourd'hui une personne prête à supporter de tels abus en étant capable d'en sortir avec un équilibre intact.

Ces anciens rites d'initiation avaient pour but principal de chambarder les notions antérieures que l'aspirant-chaman se faisait sur le « moi ». Cela exigeait des tests brutaux tant sur le plan de sa force physique que de son habileté psychique ; toutes les émotions du sujet étaient aussi poussées à l'extrême. On raillait l'aspirant ; on lui crachait dessus afin de l'habituer à faire face aux contraintes avec humilité et courage. L'étape finale de l'initiation consistait à enterrer l'initié durant une nuit afin qu'il renaisse, le lendemain matin, sans son ego antérieur.

Source : *Les Cartes médecine*, Éditions du Roseau, Jamie Sams et David Carson : 243-244.

Nouvelle trajectoire

Au départ, le projet du livre était d'aborder l'exploration des peurs profondes qui nous habitent en tant que femmes. Je pensais écrire ces lignes en parcourant l'Amérique du Nord à moto avec mon conjoint, à la découverte de clés de libération intérieure auprès de Grands-Mères[1] issues de différentes nations autochtones. La pandémie qui affecta notre monde me força à rester confinée dans une cellule de trois cents kilomètres carrés. Nul besoin d'aller au-delà pour faire face à ces peurs, face à moi-même et au bouleversement qui affecta ma vie ; l'éclatement de mes repères, ce que je croyais avoir établi comme fondations, me mettant devant mes propres peurs et attachements. Je repartais d'une certaine façon de zéro, travaillant à ma reconstruction et à une organisation nouvelle. Tout ce temps, je pouvais entendre l'écho de la voix des Grands-Mères me souffler à l'oreille : *Nous sommes là... Courage.*

Le voyage s'est donc vécu à l'intérieur de moi, à la rencontre des femmes que je porte dans ma Terre intérieure. J'ai rencontré les peurs de la petite, la femme, la mère et la Grand-Mère. Le chaos extérieur me renvoyait le reflet de mon chaos intérieur. La vie me demandait de me choisir depuis plusieurs années, mais qu'est-ce que se choisir réellement ? Des résistances, des obstacles, la confrontation de mon environnement familial, les difficultés vécues avec ma plus jeune fille, son placement en centre de réadaptation jeunesse durant sept mois, notre séparation, le rejet et la non-communication avec mes enfants, les liens brisés, la tristesse et l'épuisement, m'ont mis devant cet urgent besoin de changement. Impuissante, en perte de contrôle et incapable d'être heureuse au cœur de cette situation, mes peurs m'invitaient à

1. Femme porteuse de sagesse.

faire un ménage intérieur et à comprendre ce que signifie réellement se choisir. Je me suis observée profondément. Quel chemin de guérison et de transformation !

La fille, la femme, la mère et la Grand-Mère en moi ont souffert, ont été ébranlées jusqu'au plus profond des os. Elles ont exprimé, à la mesure de leur sensibilité, des échos, des doutes, des cris de douleur, des espoirs, des inquiétudes. Ces expériences se sont présentées pour m'enseigner la vraie disponibilité envers moi, la nature de mon destin, celle d'être libre de tout attachement, culpabilité, jugement, attente, désir pour l'autre et moi-même afin de marcher sur mon chemin et d'accomplir mon dessein. De ces épreuves traversées émanent une nouvelle conscience, l'accueil de ma part blessée au même titre que ma part divine, l'amour de mon ombre et de ma lumière, la réunification tranquille de mon être. L'engagement, la bienveillance et la réconciliation avec toutes les parts de moi.

L'aigle – vision et force

Pour les Premières Nations d'Amérique du Nord, l'aigle est un esprit ou une médecine très puissant. Il est la connexion avec le Créateur, unificateur du Ciel et de la Terre, il incarne la force et la vision éclairée. Chaque nation a sa signification particulière, mais toutes s'entendent sur les qualités et forces de cet esprit. Dans la tradition spirituelle anicinape[2], l'aigle est associé à la direction Sud

2. Anicinape (se prononce *anishinaabe*). La Première Nation anicinape ou algonquine fait partie de la grande famille algonquienne d'Amérique du Nord. Ce peuple était originellement nomade.

de la Roue de médecine[3]. Cet allié éveille en nous la fierté, la détermination, le respect et l'amour de soi. L'engagement envers soi dans l'action. Il nous accompagne afin de demeurer persévérant devant les épreuves et ne pas perdre de vue notre objectif, la vision que l'on porte dans son cœur, son mandat de vie, sa mission sur Terre. L'aigle nous élève, nous invite à prendre de la hauteur, ravivant notre fierté et nous rappelant l'importance du respect de ses besoins véritables. Offrant une vue éclairée, au-delà des illusions, une vision large et multiple, il agit entre les mondes spirituel et terrestre. C'est un puissant allié dans notre guérison et notre libération. Associé à l'élément feu et à la couleur rouge, l'aigle nous rappelle l'importance d'entretenir et de maintenir vivant notre feu sacré.

L'esprit de l'aigle dans mon histoire agit de manière symbolique. Il est ce guide, la voix la plus proche du Grand Mystère et de mon essence divine. Ce guide bienveillant me ramène sur le chemin de mon cœur.

L'esprit de l'aigle s'est manifesté à moi de différentes façons. D'abord à travers mes rêves, les visions et les enseignements reçus lors de voyages chamaniques[4], l'écriture, les cartes oracle, ainsi que par les guides canalisés par deux amies très chères, Karine et Marie-Claude, et surtout par Marc-Antoine, mon compagnon. Pour lui, ce fut la découverte et la confiance dans ce don qui se développait et l'occasion

3. Roue de médecine : symbole utilisé par les Premières Nations, comprenant quatre directions principales, dont chacune évoque un élément, un esprit animal, un âge de la vie, une valeur, un aspect de son être (physique, émotionnel, spirituel, mental) afin de rappeler l'importance de maintenir l'équilibre de ces dimensions de l'être afin de se tenir au centre de sa vie, centré, enraciné, connecté avec la Terre et le Ciel.

4. Forme de méditation au battement du tambour conduisant à un état de conscience élargi permettant de voir plus que notre réalité ordinaire. Le cerveau s'aligne sur la fréquence thêta, favorisant ainsi les visions et le contact avec les alliés spirituels, souvent animaux.

de parfaire cette faculté de transmission qui lui est donnée. Pour moi, ce fut un immense cadeau. Ces échanges eurent lieu ponctuellement au gré des expériences. Des guides bienveillants étaient près de moi pour m'accompagner sur mon chemin. Ils me démontraient leur amour et leur soutien par leurs enseignements précieux quand je perdais courage, épuisée, parfois prête à tout abandonner.

Je marchais donc, confrontée aux aléas de ma vie terrestre éclairée et apaisée par les messages des guides. Cela me redressait, élevait mon regard au-dessus du noyau dans lequel je me trouvais, l'œil du cyclone, pour m'offrir une perspective nouvelle. J'osais croire en une organisation renouvelée, une nouvelle harmonie engendrée par le chaos. Comme le Big Bang créa le premier mandala, maintenir la foi que du chaos naissent les étoiles.

J'avançais avec une vision plus juste des choses, souhaitant profondément me libérer de la souffrance et de la culpabilité, nettoyant ma Terre intérieure de mes propres peurs.

Un journal

Un pas à la fois, je partage avec vous mes émotions, les prises de conscience et ces enseignements précieux. Revisiter ce passage de mon histoire m'apporte beaucoup de fierté, mettant en lumière au fil des jours la compréhension des expériences, le fil rouge de ma vie.

Comme un album dont on ouvre les pages des années plus tard, je remarque ce qui s'est intégré naturellement et ce qui n'est plus. Avec un nouveau regard non plus teinté de regrets, de tristesse, de nostalgie mais de fierté, d'amour pour ma vie et pour le chemin parcouru. Je peux voir la beauté émanant de cette épreuve avec détachement. Le temps fait son œuvre en Soi et par magie à l'extérieur de Soi.

J'espère que ce partage fera écho à votre expérience personnelle, qu'il ouvrira et brisera même votre cœur afin de mettre en lumière vos propres résistances. Que les mots résonneront en vous afin de vous accueillir, vous bercer et enfin, vous pardonner. Vous aimer dans tout votre être. Votre âme attend ce moment depuis longtemps.

Avec amour, courage et foi, toute épreuve est traversée. Vous êtes aimée, accompagnée dans chacun de vos pas. Vous êtes plus que ce que vous ne pouvez imaginer. Les épreuves vous ramènent à votre essence. Traversez ce voile d'illusions, faites un pas de plus dans cette autre dimension qui vous est donnée. Notre Terre attend patiemment cet éveil !

Face aux événements qui vous affectent, je vous souhaite d'avoir le regard de l'aigle, d'accueillir les épreuves comme des cadeaux d'évolution, des invitations à entrer en vous, comprendre et traverser vos propres résistances pour votre plus grand DÉPLOIEMENT !

En espérant éveiller la foi, l'accès à l'invisible et aux guides qui nous soutiennent et qu'un jour, je me plais à citer ce cher Capitaine Bonhomme[5] : « Les sceptiques seront con-fon-dus ! »

5. Personnage emblématique de l'environnement culturel québécois.

Allez ! Droit devant ! Vous êtes le capitaine de votre âme ! La vie est une *avanture*.

Note sur les canalisations

Les canalisations ont été enregistrées ou notées à la suite de leur réception. Souvent, elles se présentaient spontanément lors d'un soin de fasciathérapie[6], une marche ou une méditation. Elles ont été retranscrites presque intégralement.

Les termes employés pour désigner la Source suprême originelle prennent différents noms (Dieu, Créateur, Grand Esprit...). J'ai conservé ces termes tels qu'ils se présentaient. Ne laissons pas notre mental mettre des freins à notre compréhension !

✦ AIGLE

L'aigle m'invite à mettre en application dans ma vie les valeurs universelles ou les lois naturelles d'harmonie. Il m'offre une perspective nouvelle à intégrer sur mon chemin personnel. À travers son accompagnement, l'aigle m'invite à maintenir ma connexion avec mon âme et à vivre ma vie à son image, à incarner ma divinité :

6. La fasciathérapie est une thérapie manuelle qui agit doucement, avec pour objectif de remettre en mouvement les muscles, les articulations et les organes.

ACCUEILLIR

Ce qui m'est donné

INVITER

Ma part blessée à faire autrement

GUÉRIR

De l'illusion, mes identités, mes peurs, mes croyances

LIBÉRER

Libérer mon orgueil et l'ego

ÉVEILLER

La foi

Accueillir : la vision de l'aigle

« La médecine de l'aigle est un cadeau que nous nous donnons à nous-même pour nous souvenir de la liberté des cieux. L'aigle te demande de te donner la permission de légaliser la liberté et de suivre la joie que ton cœur désire. »

« Une grande partie de la psychologie met l'accent sur les causes familiales de l'angoisse et pourtant les composantes culturelles ont un poids aussi lourd, car la culture est la famille de la famille. Si la famille de la famille souffre de maux divers, toutes les familles de l'intérieur de cette culture devront se confronter au même malaise. Dans ma famille, on dit : *cultura cura*, "la culture soigne". Si cette culture guérit, les familles vont apprendre à se soigner, à moins lutter, à avoir une action plus réparatrice, moins blessante, emplie de plus de grâce et d'affection. Si c'est une culture où règne le prédateur, toute nouvelle vie à naître, toute vie ancienne à disparaître vont être maintenues dans l'immobilité ; les âmes des citoyens resteront glacées de peur et auront faim de spiritualité. »

Clarissa Pinkola Estés,
Femmes qui courent avec les loups

Il y a environ dix ans, j'ai vécu ce qu'on peut appeler une forme d'éveil spirituel. En quête de sens, traversant une dépression[7] : stress accumulé, tristesse, fatigue et ralentissement, je me suis mise à observer la Nature qui m'entourait. Ce que je voyais dans la Nature et mon environnement me parlait. Une observation fine davantage à l'écoute de mon cœur. Je portais attention à mes intuitions, aux signes, aux synchronicités et aux enseignements qui se présentaient à moi. J'avais

7. Selon *Le Grand Dictionnaire des malaises et des maladies*, la dépression est un état pathologique marqué par une profonde tristesse, accompagnée d'une douleur morale, marqué également par une perte de l'estime de soi, par un ralentissement psychomoteur. La dépression se traduit par de la dévalorisation et de la culpabilité qui rongent de l'intérieur.

trouvé la FOI. Je reconnaissais l'existence de la dimension invisible de la vie, l'existence des guides, des alliés spirituels et de ce qui anime notre monde. Éveillée par la foi que tout est animé de l'Esprit et que nous en sommes sa manifestation, je retrouvais la joie et la paix, reconnaissante envers la grandeur de la vie, mon potentiel et cette aventure terrestre qui m'était donnée. Je prenais conscience de ma vraie Nature, la dimension spirituelle de mon être, l'âme qui m'habite qui m'invitait à s'aligner avec mon expérience terrestre.

Je faisais des liens entre ce que je vivais en moi et à l'extérieur de moi, dans ma famille, mon travail et ma vie personnelle. Quand j'étais en paix, mon environnement l'était : amical, plus fluide, les choses venaient à moi facilement. Plus je souffrais, doutais ou n'étais pas en paix, plus je vivais de résistances. Je constatais que rien ne bougeait, amenant conflits, colères et difficultés de toutes sortes. J'ai reconnu ces liens entre le visible et l'invisible. Consciente de mon lien avec le Grand Tout et de ce que je porte en moi d'unique, comme chaque être sur Terre porte dans son cœur un chant bien à lui. J'avais le devoir de vivre en paix et en harmonie avec mon essence et la responsabilité de ma propre guérison pour plus d'harmonie, de bonheur. Ce que je libère en moi libère aussi mon environnement, ma famille, mes enfants et la Terre Mère car nous sommes tous reliés[8].

8. Pour en savoir plus sur ce passage de ma vie, la rencontre avec la sagesse de la Terre et des Premières Nations : *L'Arbre en moi – Sagesse de la Terre et des Premières Nations*, Véga, 2018.

— Deux parts en soi —

Ma part divine*:* Mon âme, la lumière et la flamme de vie qui m'anime, connectée à la Source de la Création qui communique par le cœur. Celle qui Sait, celle qui connaît le plan divin et qui est venue revivre l'expérience terrestre pour achever ou poursuivre son chemin d'apprentissage afin de créer l'Unité avec le Tout.

Animée par cette prise de conscience, j'avais la ferme volonté de me libérer de ce qui nuisait à mon plein épanouissement, mes peurs et mes résistances intérieures pour réaliser ma vision profonde qui se précisait au fur et à mesure de mon cheminement spirituel. Cette vision m'invitait à sortir des sentiers battus et demandait du courage. S'est alors mis en place naturellement tout un cheminement personnel. J'avançais à petits pas, débloquant timidement et courageusement ces résistances. Animée par la foi, me sachant guidée et soutenue par mes alliés du monde invisible, je souhaitais m'éveiller encore et encore.

Ma part blessée*:* Ma personnalité. Marie Anne Lemay. Celle que mon âme a choisie avant de s'incarner. Qui communique avec l'intellect, dont les actes et les pensées sont conditionnés par son environnement, ses blessures et les croyances qu'elle a assimilées sur Terre dans sa vie actuelle et ses vies antérieures. Celle qui pense et agit pour sa protection et celle de ses proches, croyant faire pour le bien.

Parallèlement à ces prises de conscience et la vision qui animait mon feu intérieur, je vivais ma vie de femme, de mère au quotidien.

Comme s'il s'agissait de deux vies séparées. Une vision intime que je manifestais ou partageais timidement dans mon environnement, car j'y rencontrais des résistances. Je n'osais pas être qui je suis totalement, je ne me sentais pas libre de l'être ; je n'étais pas entendue, reconnue par mon entourage qui n'avait pas la même vision. J'avais ce besoin de reconnaissance. Je n'osais pas être QUI JE SUIS, prise par mes appréhensions, ma peur des réactions et des jugements. J'avais tant envie de partager mon intérêt pour la spiritualité, les découvertes que je faisais au quotidien et en faire mon activité principale ! Je n'osais pas faire mon *coming out* spirituel qui demandait à abandonner une partie de mes identités, de mes vieilles plumes pour me renouveler. Ce que je découvrais au fur et à mesure demandait à vivre, à s'harmoniser dans ma vie. Les couches de résistances personnelles et croyances ont, ma foi, fini par créer un environnement explosif, me maintenant dans la souffrance et engendrant des paroles et des gestes regrettables. Plus je résistais, plus je disais non, plus mon environnement me reflétait ces résistances, ce NON-AMOUR ENVERS MOI. Je disais non à L'AMOUR ENVERS MOI-MÊME, tout simplement. L'amour envers toutes les parts de moi. La part blessée et la part divine. Ce que je croyais donner comme amour n'en était pas véritablement. Je rejetais une partie de moi. Je faisais de mon mieux auprès de mes enfants, de mon conjoint, de mes parents, tout en portant en moi cette non-acceptation ou reconnaissance de moi-même et de ma lumière qui demandait à s'éveiller, pour que la vie suive son cours naturellement.

« On ne se libère pas d'une chose
en l'évitant, mais en la traversant. »

Cesar Pavese

Un nid en manque d'amour

Mon environnement

Pour mieux comprendre mes résistances, je devais comprendre la Terre où je suis née, le milieu dans lequel j'ai grandi, ce qui a nourri ma personnalité et ce que je porte comme valeurs et croyances. Mes pensées, mes actes et mes choix sont teintés de ce qui a construit ma personnalité consciemment et inconsciemment.

Une culture de peur

J'ai grandi au sein de la culture occidentale. Cette culture s'est développée loin de la Nature et de sa véritable identité non physique. Je dirais... une culture qui a oublié les pas de danse de la vie. Dans ma culture, la peur a remplacé la foi, maintenant dans la conscience collective un sentiment de survie. Les peurs inconscientes sont à la base de systèmes et de mécanismes de protection – contrôle, jugement, lois, dépendance, dualité – qui engendrent malheureusement bien souvent souffrance, réactions, déséquilibre et amour conditionnel.

Je suis née en 1978, au sein d'une famille et nation francophone du Canada, au Québec. Une province qui a lutté longtemps pour son indépendance afin d'être reconnue pour ce qui la distingue des autres provinces du Canada majoritairement anglophones. Mon héritage de pensée est colonial. Je viens d'une nation que je dirais adolescente, revendicatrice, souhaitant s'émanciper sur une Terre nouvelle, vivre indépendante, autonome et se libérer de son emprise tutélaire. En lutte pour défendre une langue, un territoire et une identité teintée de christianisme, de monothéisme, de culture paternaliste, un peuple valorisant l'intelligence et le savoir.

Croyances limitées

Dans mes cellules, je porte la mémoire et les croyances limitées véhiculées par mes ancêtres. Je suis « la petite née pour un petit pain[9] », pensant qu'« il faut » travailler dur pour vivre, « pas le choix », « faut ce qu'il faut ». Des bûcherons, des pionniers, des battants, des défenseurs. Autant de grandes qualités m'habitent, autant mes pensées sont influencées par des croyances coloniales et cléricales.

9. Expression québécoise pour traduire une attitude de résignation, l'acceptation de sa condition modeste, la fatalité d'un destin sans horizon.

Le contrôle de la Nature

Dans mon environnement, on a coutume de contrôler son jardin. On entoure, encercle et surprotège les petits arbres par des structures de bois, des grillages afin de les préserver des intempéries de l'hiver et éviter qu'ils ne soient détruits ou brisés. On utilise des bâches pour envelopper les branches des jeunes arbres. Or, bien souvent, sous le poids du gel, ces arbres cassent.

Une culture de foi

Parallèlement à cette culture, sur le territoire où je suis née vivent depuis des dizaines de milliers d'années les peuples autochtones ; membres des Premières Nations et Inuits. En me rapprochant de la culture autochtone ces dernières années, j'ai constaté que nous étions diamétralement opposés dans notre manière d'interagir avec le monde. L'accueil, l'acceptation de ce que la vie met sur notre chemin et la joie que ces peuples maintiennent malgré les épreuves m'enseignent énormément. Leur sagesse m'interpelle. Dans la culture autochtone sont nourris traditionnellement l'acceptation, la responsabilité, l'honnêteté, l'humilité, le respect et la foi, entraînant équilibre, liberté et détachement.

La connaissance des dimensions visible et invisible de la réalité, cette foi qui les anime, favorise l'équilibre global.

L'acceptation

Le contrôle de la Nature ne fait pas partie de la vision des peuples autochtones. C'est la Nature qui vient à eux, ils acceptent ce que la vie leur donne généreusement, sans distinction de bien ou de mal. La vie, la mort, les passages, tout cela EST. Un arbre casse, on ne se culpabilise pas, on ne critique pas, on ne juge pas ce qui arrive. Telle est la volonté du Créateur. Ils observent avec détachement les expériences toujours en recherchant l'enseignement caché, l'apprentissage à mettre en application dans leur vie.

Nous sommes tous reliés et nous faisons UN avec tout ce qui est, d'où l'importance de la responsabilité individuelle envers son mieux-être pour contribuer à l'équilibre global. La confiance et la responsabilité de chacun sont nourries dès l'enfance par les parents et la communauté.

Je crois alors que l'âme est autochtone. Libre, sauvage et non conditionnée, l'âme est reliée à l'intelligence universelle, à la Source de la Création, au Grand Tout. Elle sait. Elle n'engendre pas de souffrance. Elle suit la voie de la lumière, de la compassion et de l'amour.

Ma vraie nature

Dieu (*Dies*) : la lumière du jour
Si Dieu est en tout
Dieu est en moi
Si Dieu est lumière
La lumière est en moi

L'inconscient collectif, un tissu de mémoire invisible

L'inconscient collectif est une notion créée par Carl Gustav Jung : « L'inconscient collectif [...] est le dépôt constitué par toute l'expérience ancestrale depuis des millions d'années, l'écho des événements de la préhistoire, et chaque siècle y ajoute une quantité infinitésimale de variation et de différenciation. » (Gerhard Adler.)

L'être de lumière que je suis est teinté de cet inconscient ou conscience collective[10]. Ces croyances teintent mes comportements et mes pensées d'un voile, d'une brume, d'une ombre à ma lumière qui font obstacle au déploiement de mon potentiel et de mes pouvoirs spirituels.

Mon héritage inconscient

L'héritage culturel a teinté et affecté la vie de mes ancêtres. Je porte la mémoire de ces derniers et de mes vies antérieures dans mes cellules, dans mon ADN. Inconsciemment, je suis habitée par les programmations de ma lignée et les mécanismes de protection que ça a créés.

10. La conscience collective est une notion de sociologie et de psychologie qui se rapporte aux croyances, comportements et objets mentaux partagés par les membres d'une collectivité. La conscience collective fonctionne comme une force séparée par rapport à la conscience individuelle, qu'elle domine généralement (Wikipédia).

« L'inconscient individuel autant que le collectif sont remplis de blessures indescriptibles. Le comportement à ces deux niveaux est dirigé par la souffrance, la culpabilité et la peur non conscientisées et ancrées dans ces blessures. Le pardon agit comme un projecteur de lumière au fond de ces lieux sombres et secrets de soi et de la société. Il dit à ta propre culpabilité et à ta peur : "Sortez de là et laissez-vous voir. J'ai besoin de vous comprendre." »

Paul Ferrini, *Réflexions de l'esprit christique*

Le fil rouge

Mon héritage, là où le lien d'amour a été brisé et dont je suis dépositaire.

La fille

Mon héritage familial

Ma famille ayant perdu ce lien profond avec la Nature et la foi véritable depuis des générations a transmis inconsciemment ces manques d'amour. Elle était ancrée dans le quotidien et résolvait les situations en faisant de son mieux. Comme dans bien des familles, les manques spirituels ou les carences émotionnelles se manifestent par l'anxiété, les dépendances, le besoin de reconnaissance, le jugement, la culpabilité. Dans ma famille et ma lignée, on pourrait dire que le gène de l'anxiété a été transmis généreusement !

Je n'ai manqué de rien, mais spirituellement, j'avais faim.

Les peurs de la petite fille en moi

- peur de l'autorité ;
- peur des conflits ;
- peur du désaccord ;
- peur de ne pas être aimée.

La mère

Le deuil du modèle familial parfait

J'ai donné naissance pour la première fois à l'âge de 25 ans. Je suis mère de deux jeunes femmes qui ont, au moment où j'écris ces lignes, 18 et 16 ans. Par respect pour elles, je les nommerai ma Lune et mon Soleil. Elles sont complémentaires, éclairant la nuit, le jour. En 2012, je me suis séparée de leur père. Nous avions vécu dix années ensemble. Mère célibataire les sept années qui ont suivi, j'étais propriétaire d'une belle petite maison au cœur du village de Saint-Jean-Port-Joli que j'appelais ma maison-sourire. Il y avait une enseigne sur le haut de la façade ressemblant à un visage souriant dessiné par un cerceau de fer forgé, à l'intérieur duquel était fixée une paire de ciseaux coupant un fil rouge. L'ancienne propriétaire, couturière, l'avait laissée pour mon plus grand bonheur.

Je créai un nouveau nid afin de me reconstruire sur des bases solides et offrir à mes filles la sécurité dont elles avaient besoin. Année après année, ma santé s'améliorait, je peinturai une nouvelle pièce, rénovai la cuisine, plantai des fleurs, créai mon atelier de rêve au sous-sol, j'y mettais beaucoup d'amour. Chaque pièce que je renouvelais était un peu une partie de moi que je nettoyais, éclairais.

Je portais à la fois le rôle de père et mère au quotidien. J'assumais les responsabilités de mes enfants : éducation, besoins matériels, santé, sécurité, affection. Leur père vivait à Québec avec sa nouvelle conjointe et les voyait une fin de semaine sur deux chez ses parents vivant toujours à Saint-Jean-Port-Joli. Je suis une mère qui aimait être disponible pour ses filles, cuisiner des galettes, une bonne soupe ou un bouilli[11] pour la semaine, décorer le sapin de Noël, qui endossait le costume de Père Noël, sorcière, animatrice, infirmière, préparait les fêtes d'anniversaire, chasses au trésor, rentrait et cordait son bois de chauffage, veillait au bien-être de la maisonnée et qui y trouvait une grande satisfaction. Je veillais à ce que mes filles soient bien. Être en contrôle de mon environnement m'apaisait. Je veillais à leur bien-être en créant un environnement chaleureux, sécurisant, accueillant. Savoir qu'elles ne manquaient de rien m'apaisait.

11. Plat traditionnel québécois qui consiste en un mijoté de poulet, pommes de terre, légumes-racines, choux et fèves (forme de pot-au-feu français).

Mes enfants

Ma Lune

Ma Lune est née un 18 février par une belle journée ensoleillée. C'est une enfant sensible, qui aime la solitude, qui a toujours été très précoce et qui fait preuve d'une grande autonomie. Performante à l'école, je ne me souviens pas l'avoir aidée dans ses devoirs ! Elle visait les 100 % et en faisait toujours plus que ce qui était demandé. Elle dévorait les livres, aimait tout ce qui est mystérieux, se plaisait à imaginer sa vie de rêve, réaliser de grandes choses. Elle plongeait dans le dessin tous les jours et démontrait une grande sensibilité, de l'empathie.

En apparence, tout semblait lui réussir. Intérieurement, elle vivait un profond mal-être. Avec les années, des symptômes apparurent et engendrèrent de grandes souffrances. Elle se mit à avoir des problèmes d'insomnie, des migraines, développa des TOC (troubles obsessionnels compulsifs). La peur du jugement et le jugement envers elle étaient à la base de sa souffrance. Une anxiété de performance et une phobie sociale lui coupaient les ailes, la refermant encore plus dans son monde. Je me sentais impuissante. Les troubles étaient invisibles de l'extérieur, mais formaient un réel handicap qu'elle vivait quotidiennement. Nous avions recours à la psychologie, la pédopsychiatrie. La souffrance était toujours là. Sachant que les difficultés que nous vivions en parallèle prenaient déjà beaucoup de place, elle n'osait pas m'en parler.

Mon Soleil

Mon Soleil est arrivé dans notre vie à la fin du mois d'août, comme une petite boule de feu ! Dès sa naissance, elle était habitée d'une grande énergie. La nuit comme le jour, elle était en mouvement. Il y avait peu de repos ou de calme. C'était notre rayon de soleil. Elle nous faisait rire tout comme elle nous rendait nerveux par sa personnalité intense, distraite et fonceuse. C'était une enfant hyperactive mais également hypercréative qui avait son monde bien à elle et qui nous étonnait par ses créations diverses et variées. Elle n'avait peur de rien, grimpait partout, étonnait tout le monde par ses prouesses acrobatiques. Championne de course, elle se donnait à fond et arrivait souvent à la maison après son sprint de trois kilomètres à bout de souffle ! Elle était très populaire auprès de ses amis qui ne s'ennuyaient jamais avec elle. Partout où nous allions, elle ne passait pas inaperçue, on remarquait son caractère déterminé et frondeur.

À partir de l'âge de 2 ans, je me doutais que quelque chose n'allait pas, elle était animée d'une charge émotionnelle et d'une anxiété extrême. La moindre contrariété la mettait en colère. Elle avait besoin d'être rassurée de ma présence plusieurs fois par jour et de contrôler son environnement, les objets avec une rigueur extrême, d'avoir ce dont elle avait besoin dans l'immédiat. Je remarquai des TOC également très tôt, elle avait sa manière de ranger les objets dans sa chambre et je ne devais pas en déplacer un seul, de peur de déclencher une crise. Je devais monter sa fermeture Éclair à une certaine hauteur, couper les morceaux de fromage de manière égale… Tout cela me demandait tolérance et patience que je n'avais pas toujours. Je préférais ne pas inviter d'amis à la maison, car cela la mettait mal à l'aise, en colère et me rendait aussi inconfortable.

On peut dire qu'elle avait le monopole à la maison et s'opposait souvent à mes demandes. J'ai appris à lâcher prise sur certaines choses dont je n'avais pas le contrôle et que je savais vaines. J'ai fait et dit des choses regrettables sous le coup de l'épuisement. Habitée par tout ce que je jugeais inacceptable – « Ça ne se fait pas ! » – et mes peurs – « C'est pas normal ! » –, je créais d'autres blessures.

Lorsqu'elle partait pour l'école le matin, j'étais épuisée. Sa sœur vivait cela au quotidien en silence, accumulant frustrations, déceptions, tristesse.

D'un côté, je vivais l'inquiétude pour ma fille, car je reconnaissais ses besoins qui l'aidaient à calmer son anxiété et de l'autre, j'étais affectée par un comportement qui n'était pas tolérable et qui bouleversait grandement notre équilibre.

J'ai donc entrepris de multiples démarches pendant huit ans auprès de l'école, CLSC, hôpitaux. Cela nous a pris sept ans avant de voir un psychologue au CLSC de notre village. Je n'avais pas les moyens financiers d'aller en clinique privée et cela demandait également de se déplacer, chose qui n'était pas aisée dans ces circonstances.

Durant toutes ces années, ma fille éprouvait de l'anxiété face à ces démarches et m'en voulait. C'était difficile de faire reconnaître ses besoins d'aide dans les milieux scolaires et médicaux, car elle se renfermait en consultation. Les méthodes utilisées la mettaient mal à l'aise et moi aussi. Notamment de parler d'elle et de ses problèmes en sa présence comme si elle était absente. Combien de fois ai-je dû répéter la même histoire aux multiples travailleuses sociales qui changeaient au bout de quelques mois, ou même de quelques semaines. Je ne me sentais pas soutenue par le système et je déplorais son fonctionnement.

L'anxiété qu'elle réprimait était éludée auprès de ses proches, en sachant qu'on l'aimerait peu importent les situations. Elle savait que je pardonnerais tout. Je croyais aussi que j'étais la seule qui pouvait la comprendre et je faisais tout pour la protéger. Mon amour pour elle allait au-delà de ces difficultés.

Comme être en présence d'un animal sauvage, cela me demandait de : devoir flairer, sentir, doser l'approche, reconnaître le bon moment, être calme et bien intérieurement, ne pas aller trop vite, anticiper, prévenir… avec toujours une petite peur en arrière-plan face à l'imprévisible.

À vouloir contrôler son environnement, anticiper, prévoir pour elle, je me suis perdue et oubliée.

La grenouille dans l'eau bouillante

C'était allé trop loin et je n'avais pas le recul nécessaire pour voir l'ampleur de la situation. Comme avec l'analogie de la grenouille que l'on met dans l'eau bouillante et qui réagit immédiatement pour en sortir, nous étions cette grenouille dans l'eau qui bouillait à petit feu et qui s'adaptait à son environnement. Je faisais preuve de patience, jour après jour, mais quand la pression était trop forte, j'éclatais… en réaction à toute cette charge. J'étais perdue, me maintenant dans les croyances de ce qui est acceptable et de ce qui ne l'est pas, elle me faisait réagir, repoussant mes limites. Chaque fois, je m'excusais en larmes et elle aussi. On se réconciliait, se pardonnait. Elle oubliait rapidement.

Finalement, toutes ces années de consultation ont mis en lumière certains troubles (TDAH, opposition, apprentissage). Mais jamais on ne lui a expliqué vraiment ce que cela signifiait. Cependant, je restais convaincue qu'il y avait autre chose à la racine de ses comportements, qui allait au-delà de tout cela. Les difficultés scolaires au secondaire ont finalement permis d'allumer une petite lumière pour qu'il y ait une prise en charge. De l'aide s'est mise en place pour elle.

J'avais peur pour son avenir, pour sa santé mentale, comme il y avait des cas dans la famille. Je résistais à ce que la vie me faisait vivre, à l'expérience. J'ai mis l'accent sur le problème ou ce qui est « anormal » pendant des années, souhaitant pouvoir l'aider, traînant un dossier rempli de notes pour mieux expliquer aux intervenants la situation, la problématique, afin d'avoir de l'aide appropriée pour elle, sans succès.

Ma connexion avec la spiritualité me permettait de garder l'équilibre. Faire chanter mon tambour, m'offrir un soin énergétique, prendre soin de moi une fin de semaine sur deux en silence, écoutant mes besoins du moment : prendre un bain, lire des textes inspirants, marcher en forêt, dormir, afin d'être disposée et plus calme pour le retour des filles.

À l'adolescence, le comportement de mon Soleil s'est manifesté autrement, par le manque de respect, l'insolence, le dénigrement et le rejet de tout ce qui se rapportait à moi, que je dirais inconscients. Malgré les difficultés et ce comportement intolérable, je voyais toujours la lumière au cœur de mon Soleil.

Des rires et des larmes

Comme j'étais mère célibataire, seule personne en position d'autorité, n'ayant pas d'appui à mes côtés, nous vivions à la maison une souffrance invisible et des tensions au quotidien. Je n'osais pas laisser mes filles seules ensemble plus d'une heure, par peur que ça dégénère. Ce fut le début de mon cheminement personnel, la conscience que le seul contrôle que je pouvais avoir était sur moi-même, mon bien-être, ma santé. La responsabilité envers ma propre vie. Tranquillement, une certaine harmonie s'installa dans notre petit nid alors que je prenais davantage soin de moi et de mes besoins. Malgré les épreuves et les défis du quotidien, nous vivions des moments de rires, de bonheur… Je m'accrochais à ces petits moments qui nous apaisent le cœur.

Les peurs de la mère en moi

- culpabilité ;
- jugement ;
- peur du manque ;
- peur pour l'autre ;
- vouloir le bien de tous ;
- non-amour envers moi ;
- résistance à me donner.

La Grand-Mère

Durant ces années, je fus guidée et accompagnée par deux femmes extraordinaires : Marie-Claude Demers et Karine Pelletier, toutes deux thérapeutes. Karine m'avait enseigné le reiki, faisait de la canalisation et m'avait recommandé Marie-Claude pour les défis que je rencontrais avec les filles. Elle canalisait également et travaillait à la guérison des mémoires. Je les consultais une à deux fois par an au besoin. Elles sont deux piliers importants, des références dans ma vie qui m'aidaient à maintenir le cap, à garder le nord de ma boussole intérieure. Elles connaissaient mon âme. Elles seules reconnaissaient mon essence divine et agissaient comme intermédiaires entre la réalité spirituelle et ma réalité ordinaire.

Toutes ces confirmations sur mon chemin maintenaient ma flamme allumée : découverte et compréhension de ma mission sur Terre, les dons que je porte en moi, la responsabilité envers moi, la compréhension de ce que traversent mes filles, leur chemin d'âme bien à elles et leurs défis d'incarnation. Cela m'apportait le détachement nécessaire face aux événements. Reconnaître la dimension invisible et le cheminement de l'âme est primordial pour vivre le détachement et avancer avec foi. Je vivais donc les consultations dans le domaine institutionnel pour mes filles et j'avais en moi une vision plus large, plus globale de la compréhension des défis du quotidien. Ce que je voyais en mes filles allait au-delà des problèmes du monde ordinaire.

Je partageais avec ma Lune les informations qui la concernaient et qui y était parfois réceptive. Autrement, je maintenais ces informations secrètes, précieuses pour mon cœur de mère afin de pouvoir mieux les accompagner sur leur chemin.

Dans la bienveillance, la générosité et le détachement, mes amies me guidaient tout en sachant que le libre arbitre et la responsabilité de mes choix étaient entre mes mains.

Confirmations spirituelles

Grâce aux transmissions de Karine et Marie-Claude, j'ai pu confirmer certaines choses que je ressentais en moi concernant ma mission terrestre. De là ont émergé la reconnaissance et l'acceptation des dons que je porte en moi, la famille d'âme des « chamans enseignants » à laquelle j'appartiens, de mon essence divine et la confiance en ma voix intérieure. Reconnaissant également la validité de mes intuitions, de la guidance de mon âme et de mes guides à travers les cartes oracle, les voyages chamaniques, les images, les rêves. Cela m'aidait à faire confiance de plus en plus à mes ressentis.

Les peurs de la Grand-Mère en moi

- peur d'être vue ;
- peur du jugement ;
- peur de prendre ma place ;
- peur de ne pas être assez ;
- peur de ma lumière.

La femme

Pendant ces années auprès de mes filles, je décidai de mettre ma vie amoureuse sur pause, le temps de me reconstruire et de concrétiser les projets qui me tenaient à cœur. J'ai vécu une relation de courte durée tôt après la séparation qui m'a ouvert à l'importance de mettre en place mes fondations, de cesser de me dévaluer ou de m'oublier dans une relation, d'être bien enracinée et en marche sur mon chemin avant de vivre une relation stable.

Je rêvais de rencontrer le grand amour et je comprends aujourd'hui que mes actions étaient dirigées pour me préparer à cette rencontre. À 17 et 33 ans, j'ai consulté une médium et une tarologue. Chacune m'avait confié que je vivrais dans cette vie l'amour avec un grand A : des retrouvailles avec mon âme jumelle étaient attendues dans cette incarnation. Pleine d'espoir, cette révélation m'habitait ; enfin, je vivrais la complétude avec l'esprit masculin pour m'accompagner sur mon chemin.

Les peurs de la femme et de l'amoureuse en moi

- peur d'être trompée ;
- peur de m'oublier ;

- attachement maternel ;
- peur de perdre mon espace ;
- peur de perdre mon équilibre.

Préparer ma Terre

J'y arrivais ! Je sentais que la période de grande noirceur était terminée. Les filles allaient mieux et une certaine harmonie semblait s'installer à la maison. J'avais tout mis en place pour réaliser mon rêve. J'avais retiré mes REER[12], pris deux formations en ligne pour maintenir mon *mindset*, je m'offrais tous les outils dont j'avais besoin, m'entourais de gens passionnés, coach de vie, hypnothérapeute, participais à des événements *live*[13], j'avais consacré trois ans et mis mon cœur à l'écriture de mon premier livre[14] qui sortait bientôt. Les ateliers d'éveil et de créativité pour enfants que j'avais mis en place fonctionnaient très bien, enfin j'avais l'impression d'être sur mon « X ».

Malgré tout, je me mettais beaucoup de pression : devoir de servir, de performance, objectifs déraisonnables, je voulais tellement… Du même coup, je vivais la peur d'être vue, peur que les gens me voient TELLE QUE JE SUIS, peur du jugement, peur inconsciente de quitter le connu, cette stabilité illusoire, même si elle était

12. Régime enregistré d'épargne retraite.
13. La meilleure année de votre vie (Martin Latulippe) et Vivre de sa passion (La Solution est en vous).
14. *L'Arbre en moi – Sagesse de la Terre et des Premières Nations*, Véga, 2018.

bancale. Ce fut le début d'un vrai tango entre mon ombre et ma lumière, entre ma personnalité qui avait besoin d'être protégée par l'ego et mon âme qui aspirait à expandre dans la lumière, à sauter dans l'inconnu.

La vie m'a ébranlée fortement afin de secouer mes vieilles plumes.

La traversée : journal de bord

« La vie est soit résistance, soit abandon.
Ce sont les seules possibilités.
La résistance mène à la souffrance.
L'abandon mène à la béatitude.
La résistance est la décision d'agir seul.
L'abandon est la décision d'agir avec Dieu. »

Paul Ferrini, *Réflexions de l'esprit christique*

Première étape

Joie, amour, changements, défis familiaux

✦ Octobre 2018 à août 2020

- rencontre avec Marc-Antoine ;
- sortie du coffret *L'Arbre en moi* ;
- vente de ma maison ;
- déménagement temporaire à Saint-Jean-Port-Joli ;
- planification du voyage à moto de six mois ;
- début du chaos.

Saint-Jean-Port-Joli – port d'attache

La semaine précédant le jour de mes 40 ans, j'eus une discussion bouleversante avec mon amie Monique. Nous parlâmes de la couronne d'épines que je maintiens par mes propos, mes pensées. Cela fait quelques années que je connais Monique, nous formons des Cercles de femmes ensemble et je comprends à ce moment-là que je me maintiens dans la souffrance, qu'il est temps que je change. Je décide alors de remédier à ça rapidement. Je prends conscience que je mets des freins à ma propre vie par mes pensées. Mes filles étant avec leur père durant la fin de semaine, je nettoie la maison, je fais de la place dans ma chambre pour inviter l'amour dans ma vie. Je fais mon feu sacré, j'y mets mes intentions, mes prières et je laisse aller les peurs qui m'habitent, ce que je ne veux plus.

Dès le lundi matin, je vois apparaître dans ma boîte de courriels le message d'un homme qui a vu mon nouveau site Internet et qui est interpellé par ma démarche. Lui-même est en phase de création d'une nouvelle entreprise (Choisir sa marche), dont la mission vise l'accompagnement des personnes en situation de transition, par la marche. Pour les besoins de son étude de marché, il recherche des entreprises offrant des services similaires dans la région. Son message est court, mais je sens bien que c'est « lui ». Les étranges synchronicités et le sentiment qui m'habite à ce moment vont au-delà de ce que l'on peut décrire par le raisonnement.

Nous nous fixons rapidement un rendez-vous dans la semaine, le vendredi 26 octobre, soit le lendemain de mon anniversaire au Café Azimut de La Pocatière. Je ne suis pas surprise d'apprendre que mon Soleil et sa fille vont à la même école, au collège Sainte-Anne. De Rimouski, il fait l'aller-retour toutes les fins de semaine pour venir chercher sa fille qui y est pensionnaire.

Me rendant à notre premier rendez-vous, un peu nerveuse, les freins de ma voiture ne fonctionnent pas et semblent vouloir lâcher sans avertissement préalable. Ça me dit : « Ne mets pas de freins. »

Notre rencontre est une confirmation. Marc-Antoine de Rimouski est un homme plus âgé que moi, grand et dégageant une force tranquille derrière laquelle on peut sentir une profonde douceur et une grande sensibilité. J'apprends qu'il est père de trois grands enfants, qu'il est séparé depuis deux ans. Nous échangeons rapidement sur nos vies et non sur nos projets d'entreprise. Je suis charmée par son parcours atypique : technicien en aménagement de la faune, chimiste, directeur des opérations d'un centre de recherche en biotechnologie, ayant une maîtrise en psychosociologie, fasciathérapeute, il est un marcheur infatigable, il a foulé le chemin de Compostelle, il est auteur, curieux, intéressé, généreux, avec une spiritualité très développée… J'avais rencontré mon grand sage, celui qui m'accompagnerait. J'en fus convaincue dès le premier instant. Ses yeux bleu clair démontraient la clarté et la lumière qui l'habitent.

Au cours de notre discussion, je lui confie l'épisode déclencheur de la semaine précédente concernant la couronne d'épines. Après notre rencontre, Marc-Antoine partage avec moi un récit initiatique qu'il a écrit et dont l'élément fondateur est l'enroulement de son être d'une couronne d'épines : *Ulysse-Adam, à la recherche de l'homme sans ego*. Ce texte me chavire… « Il a tout compris. »

C'est un homme qui aime la nature et les oiseaux, le silence, la beauté, s'émerveille devant une fleur, à l'allure robuste, solide, inébranlable mais tellement doux et sensible. Ses larmes à table lors de notre deuxième rencontre me touchent. Au même café, nous parlions de guidance sur notre chemin et de spiritualité. Il me partage timidement qu'il est bien guidé et qu'à travers ses épreuves, il fut accompagné spirituellement. Se confiant pour la première fois à ce sujet, il me dit qu'il canalise depuis quelque temps un guide, un être de lumière féminin bien connu. Je le crois immédiatement, pour avoir assisté à quelques canalisations par le passé de Maîtres ascensionnés.

Voilà donc comment se déroulent notre rencontre et la reconnaissance de la guidance avec le monde spirituel. Je me sens immédiatement en confiance. J'ai trouvé ce pilier, un homme solide pour m'accompagner.

Durant les quatre années qui suivront, notre chemin ensemble sera marqué par cet accompagnement, celui de Marc-Antoine envers moi et celui des guides qui se présenteront pour notre évolution. Nous nous accompagnons mutuellement. Nous poursuivons un même objectif d'éveil et comme il le dit souvent, le sien est d'aller au bout de lui-même. Je ne marche pas aux côtés d'un homme banal. Cela me déstabilise quelque peu même, me confrontant à la reconnaissance de ma propre valeur.

C'est donc avec cet homme que je découvre la fasciathérapie (somato-psychopédagogie). Il me résume cette approche thérapeutique, qui consiste à un toucher très lent, par ceci : en provoquant un mouvement inverse ou contraire à ce qui est naturel dans le corps, on déclenche alors une réaction qui pousse le mouvement à retrouver son mode naturel. Quelle magnifique analogie avec la vie et les épreuves auxquelles nous sommes confrontés. Ce qui n'est pas naturel vient provoquer le mouvement naturel à émerger par une force contraire et rétablir l'équilibre ! J'en suis fascinée.

> *Pour la première fois, je fais entrer un homme dans*
> *ma vie et celle de mes filles. Je m'autorise à vivre*
> *une vie de couple, à avoir des moments pour moi, à faire*
> *des voyages, à passer des week-ends sans elles. J'accepte*
> *qu'on prenne soin de moi. Je donne à la femme que je suis.*

Dès notre rencontre, les événements se déroulent rapidement. Nous voyageons en alternance entre Rimouski et Saint-Jean-Port-Joli les fins de semaine, je vis le lancement de mon livre, habitée par la joie, l'effervescence de cette année grandiose. Nous décidons de vivre ensemble. Il déménage de Rimouski. Son ex-conjointe achète leur maison et revient auprès de leurs enfants. De mon côté, je vends ma maison et avec les filles nous emménageons ensemble dans une maison louée à Saint-Jean-Port-Joli temporairement, avec le désir éventuel de nous installer ailleurs.

> *Ma Lune est rassurée par la présence de Marc-Antoine à la maison qui atténue les tensions ou les crises. Cependant, cela engendre une autre forme de tension. Je ne me sens plus aussi libre intérieurement dans ma relation avec les filles et je suis partagée entre ce que je ressens de mon Soleil qui se retient aussi en plus de Marc-Antoine qui ne se sent pas à l'aise. Souvent enfermé dans notre chambre à coucher, il va marcher ou part à moto… Il ne sait pas comment interagir avec mon Soleil, ce qui me mine. En septembre, ma fille change d'école pour intégrer l'école publique, la même que sa sœur. Je croyais faire pour le mieux. Les difficultés scolaires qu'elle rencontre, son mal-être et la dépendance que créait la tablette électronique exigée à son ancienne école étaient devenus problématiques. Nous vivons tous une grande transition.*

Marc-Antoine, dès le début de notre relation, canalise au gré des jours les guides qui me parlent à travers lui.

Début de l'accompagnement par les guides

✦ 18 août 2019

L'éveil

Nous marchons dans les sentiers du Domaine de Gaspé, Marc-Antoine me dit que son guide veut me parler :

« L'éveil, ce qu'on appelle l'éveil ou le désir de l'atteindre, c'est dans la mise en actes. L'action. Quand on reconnaît ce que ça nécessite, la conscience... c'est la mise en actes à chaque instant : en marchant, en faisant l'amour, en mangeant. Ça libère alors l'ego. On l'aide à se libérer. Et non quand on est submergés par des émotions, les doutes...

La peur d'être trompée ou trahie vient d'une peur en toi, qui vient de toi, dont la source est en toi. Une fois reconnue, elle est libérée. Ne plus vouloir de cette peur-là ! Être ferme ! Avoir l'assurance qu'une relation peut être aussi basée sur la confiance. »

Marc-Antoine me dit que je dois avoir confiance en ma valeur. Il veut une femme debout à ses côtés. C'est ce qui l'a attiré chez moi, il ne veut pas de la petite fille. Il veut s'adresser à la femme debout.

Depuis son arrivée dans ma vie, je me sens déstabilisée.
Je n'arrive plus à m'écouter, à m'entendre.
Je n'ai plus ces moments à moi, cette liberté intérieure
qui me permettait de me reconnecter à mes ressentis,
me ressourcer et me reposer. Je n'ai plus cet espace
nourricier et je n'arrive pas à le communiquer,
à le mettre en place dans ma vie. Je me sens partagée

entre mes filles et l'amour dans ma vie, j'ai l'impression à nouveau de me mettre de côté et j'ai en moi plusieurs peurs qui émergent, d'anciennes blessures vécues dans mes relations. Les principales amies de Marc-Antoine sont des femmes et cela ravive la blessure de trahison.

Le 7 septembre 2019, je rencontre Marie-Claude qui m'offre un soin chez elle. Un grand moment. Je reçois plusieurs informations concernant mes dons, mes vies antérieures et ma mission sur Terre. Je suis prête à offrir des soins, de l'accompagnement, mon corps complet est réunifié. Je sens une grande joie et un profond élan créateur. Cela renforce ma solidité intérieure.

Un cœur dans les nuages

✦ 18 septembre 2019

Je suis sur la route, au retour d'un suivi à l'hôpital avec ma Lune. Elle y allait pour une première rencontre et évaluation afin d'obtenir les ressources appropriées pour l'aider. Au retour, je remarque un nuage en forme de cœur au-dessus de la maison. J'y vois là un signe des anges et des guides : « Tout va bien se passer. »

À peine entrée, je reçois un appel. La travailleuse sociale qui était présente lors de cette rencontre m'informe qu'il y a eu un signalement à la DPJ[15] et que mon Soleil doit quitter la maison pour la sécurité de sa sœur. Nous avons quarante-huit heures pour nous organiser.

---

15. Direction de la protection de la jeunesse.

Je tombe… je suis en larmes… j'ai peur pour mon Soleil et l'anxiété qui l'habite au moindre changement. Elle doit être retirée du milieu familial. On me parle de l'Adoberge à Lévis à une heure de chez nous, ou d'une famille d'accueil. C'est impensable. Je demande si elle peut aller dans sa famille, chez mes parents… On me dit que oui.

Avec le plus grand calme possible, j'annonce la nouvelle à mon Soleil à son retour d'école. Elle est en pleurs, en crise… Elle ne comprend pas et m'en veut. Le soir même, des policiers et une intervenante de la DPJ arrivent sans crier gare à la maison. Un manque de communication entre les intervenants les a conduits à la maison croyant ma Lune en danger, ajoutant au stress ambiant.

Pendant un mois, elle se trouve donc chez mes parents qui habitent non loin de son école, sans aucun suivi d'intervenant. Il y a une profonde coupure. Je ne sais pas si mes filles peuvent se voir et si je peux interagir avec elle. Elle est laissée à elle-même, sans accompagnement.

Ce mois nous offre malgré tout un répit, l'insécurité que vivait sa sœur était à prendre au sérieux, même si on sait qu'il ne s'agissait que de menaces verbales, la souffrance accumulée et la sécurité de ma Lune devaient être prises en compte.

Mon Soleil revient à la maison le 18 octobre.

Marc-Antoine me confie qu'il a vécu plus d'intensité
en une seule journée qu'au cours de toute sa vie.
Il est triste de la situation et me laisse libre de mes choix,
ne souhaitant pas ajouter un poids supplémentaire.
Il a besoin de vivre dans un milieu de paix, de calme

et ne sait pas comment se positionner dans la situation. Voulant bien être là pour moi, il souffre. Je prends conscience que je m'appuie sur lui. Nous entretenons inconsciemment les rôles de victime et de sauveur.

✦ 25 octobre 2019

52 femmes

C'est le matin de mes 41 ans, Marc-Antoine et moi déjeunons au restaurant, au bord du fleuve Saint-Laurent. Journée d'automne grise et nuageuse.

On se regarde tendrement, reconnaissants envers tout l'amour qui nous habite et la vie qui nous a rassemblés. Chaque jour de notre vie est un cadeau, une grâce. Le restaurant est calme. Une femme me salue, me prenant pour une autre personne.

Je lis la carte que Marc-Antoine m'offre, émue. Nous vivons une période difficile avec mon Soleil. Nos mains sont entrelacées, comme un 8. Il me dit qu'il y a beaucoup de monde autour de nous… beaucoup de monde derrière moi, avec moi. Ce sont des femmes, des Grands-Mères de différentes ethnies, des femmes sages. Elles sont 52.

Elles me disent qu'elles sont toujours avec moi, qu'elles me soutiennent dans l'amour et qu'elles m'accompagnent. Que dans l'autre monde, nous étions toutes en cercle et que j'étais avec elles. Je me serais levée et j'aurais dit devant toutes ces femmes : « Je vais y aller ! »

Dans mon incarnation, tout ce que je fais, ce que je choisis, je le fais pour ces 52 femmes. Je les libère également et je libère leur monde.

Elles me disent que ma fille a choisi de refléter tous les maux, les scories de la société pour me les mettre en face. Moi, mon défi : ME CHOISIR. Quand je me choisis, je libère, je le fais aussi pour ces 52 femmes en moi.

Elles me disent qu'aimer mon corps a été une première étape qui a permis de régler, de libérer. Maintenant, ce qui m'est demandé : me choisir. Ma fille est là, dans ma vie, pour me pousser à me choisir.

Je demande : « De quoi ai-je besoin pour m'aider… »

On me dit que je suis têtue, que je n'ai besoin de rien.
Je dois arrêter de dire : « De quoi ai-je besoin pour… » ou de dire « J'ai besoin de… » lorsque je fais des demandes.

Dire : « J'ai la foi que… ! »
J'ai tout en moi : « Je sais… », j'ai cette sagesse en moi.

Beaucoup de femmes attendent, sans pression. Avec amour, elles me soutiennent dans l'amour, mais souhaitent que j'accomplisse ma mission.

Je suis enthousiasmée par cette transmission inattendue. Je vois un coffret de 52 cartes oracle et mes peurs comme sujet. Je fais le lien inévitablement avec un rêve précédent : « Guérir avec l'aigle » et ces 52 femmes qui incarnent mes peurs. Le projet était clair, je devais m'engager à honorer cette vision.

Nous recevons des amis à la maison pour mon anniversaire, puis Marc-Antoine et moi partons pour en week-end d'amoureux à Baie-Saint-Paul. Il m'invite à vivre un petit rituel. Assis sur la plage, il allume de l'encens devant le majestueux fleuve et me demande de choisir trois symboles pour ma future année ; un animal, un arbre et un personnage. Je vois : l'aigle, le pin et Marie. Marc-Antoine baigne dans un état de béatitude toute cette fin de semaine.

✦ 27 novembre 2019

Changer

Un après-midi, l'éducatrice spécialisée en charge de « notre dossier » vient me rencontrer avec ma fille pour établir le contrat d'utilisation de son iPod.

Les jours précédents, je me trouve au Salon du livre de Montréal comme auteure en dédicace pour la sortie de mon premier livre-coffret de cartes oracle, *L'Arbre en moi*. Toute cette frénésie et la joie de réaliser un rêve, entremêlées aux émotions de tristesse et d'impuissance vécues à la maison, m'affectent. Je ressens une grande fatigue au retour.

Cet avant-midi, je marche au Domaine de Gaspé, au cœur de la forêt. Plus tard, j'ai une discussion avec Marc-Antoine sur la notion de devoir ME RESPECTER. L'importance de transformer ma manière d'agir avec ma fille. Depuis longtemps, je me sens victime et j'agis avec la peur de ses réactions. Tout le système qui est en place : travailleuses sociales multiples, éducatrice spécialisée, le cadre qu'on nous impose, les règles impossibles à maintenir avec la situation ou l'état de ma fille que je connais, en vain. Tout cela existe pour faire ressortir les maux. Je dois avoir confiance, véritablement, en la VIE.

Ne plus être dans la confrontation. Me respecter et laisser agir, laisser vivre l'expérience… faire autrement.

En soirée : mon Soleil s'oppose à mettre son iPod dans la boîte à l'heure prévue.

Nouveau cœur et foi

Marc-Antoine et moi sommes au lit, bercés par la musique et le chant des moines de Notre-Dame. Avant de m'endormir, je dis à la blague : « Bonne nuit les moines. »

Il m'informe que son guide est avec nous, qu'elle nous regarde au pied du lit. Il voit son visage pour la première fois. Elle vient mettre deux lumières au-dessus de nos têtes et fait entrer une serpe d'or sertie de pierres précieuses surmontée d'un globe dans l'œil droit de Marc-Antoine.

Il me dit qu'il y a beaucoup de gens autour de nous, puis me décrit la scène.

Trois ou quatre personnes se trouvent autour de moi, vêtues d'habits de moines, et me recouvrent d'un drap de chirurgie. Elles prennent mon cœur, le retournent, y posent des mains de lumière. Elles me disent qu'il faut changer le cœur et puis le retirent. Le cœur est goudronné, noir, en lambeaux. Un homme à genoux prie à mes côtés, portant une couronne et une cape, tel un roi ou un seigneur. Une étoile apparaît dans la pièce. Les trois êtres changent mon cœur pour un plus grand, plus gros et lumineux. Je rapetisse comme un nouveau-né, je n'ai presque plus de tête et un très grand cœur.

Tous me disent qu'ils sont fiers de moi. Que ça fait longtemps qu'ils attendent ce moment. Ils attendaient que je sois prête. La guide me dit que j'avais choisi un chemin difficile, mais que le pire était passé. Elle est fière de moi.

Les êtres me disent que les larmes, c'est terminé (l'homme qui prie vient sécher mes larmes avec ses mains et touche mes yeux pour ouvrir ma VUE ; une nouvelle façon de VOIR). Il me dit que la FOI animera mon moteur. Avec ce nouveau cœur, ce seront des larmes de joie ! Ils me disent que je dois faire attention... que ça prendra du temps. Je dois en prendre soin. On me dit que je ne sais pas encore ce qu'il y a dans ce cœur. Je ne peux imaginer que je vais le découvrir plus tard, dans longtemps.

L'étoile et les êtres se retirent.

✦ Fin 2019 et début 2020

- annonce du projet de voyage de six mois à moto ;
- stage à Cuba ;
- début de la pandémie ;
- préparation de la transition.

Décembre est un mois plus serein. Nous nous préparons pour les fêtes et pour un premier stage de ressourcement que j'anime avec Marc-Antoine au Centre Créa, à Trinidad (Cuba). C'est notre première collaboration ensemble dans une formule d'une semaine à l'étranger. Nos approches sont différentes, et je me sens fébrile.

Heureuse de saisir cette occasion, nous décidons de tenter l'expérience afin de voir les lieux. Nous avions rencontré l'équipe du Centre Créa lors du Salon de l'éveil à Laval au printemps précédent. Nos kiosques étaient tout près. J'avais été charmée par leur projet. Une des femmes m'avait d'ailleurs dit que mon coffret trônait sur sa table de chevet là-bas, à Cuba, et qu'elle l'adorait. Si ce n'est pas un signe, ça !

Nous sommes enchantés, donc, par les échanges que nous avons avec Daniel et Lise, le propriétaire et la coordonnatrice du Centre Créa. Sylvie, une amie de Marc-Antoine, est l'ange de la joie qui nous suit dans cette folle aventure et nous motive à nous lancer.

Au début de l'année, je demande au père de mes filles de prendre la garde temporaire de nos enfants, pour six mois, à partir de juillet, ce qui me permettra de m'offrir un répit et un temps pour réaliser le projet de voyage à moto en Amérique du Nord, d'écriture et de rencontre avec 52 Grands-Mères autochtones. Projet que j'ai présenté à la maison d'édition, qui est emballée. Comme leur père vient d'acheter une maison à Saint-Jean-Port-Joli qu'il rénove afin d'être plus près des filles, cela est enfin possible après sept ans. Il accepte.

Quelques semaines plus tôt, je participe à un Cercle de femmes animé par mon amie Monique Mathieu, Grand-Mère Louve. C'est un cercle que nous avons démarré ensemble il y a quelques années dans la région de Montmagny. Nous sommes un groupe de femmes qui, chaque mois, se retrouve dans un espace sacré pour prendre un temps ensemble, un temps pour soi. Au cours d'une méditation au tambour, nous allions à la rencontre de quatre objets ou quatre symboles. Les objets qui me sont apparus étaient : une dent d'animal que je ne saurais reconnaître, un serpent, une longue hache et une pierre turquoise. Je dessine la dent, la montre à Monique qui ne semble pas reconnaître non plus l'animal en question. J'allais bientôt le découvrir.

Juste avant le départ pour le stage à Cuba, je fais un rêve où je vois un homme émanant une belle lumière. On nous a parlé de Luis, maître de tai-chi cubain, qui nous accompagnerait durant le stage. Ce voyage m'annonce quelque chose de bon.

✦ Janvier 2020

Aigle noir et mission

L'arrivée à Cuba se fait dans la joie et l'émerveillement. Je revis la joie qui m'animait au Nicaragua il y a plusieurs années. Je sens en moi la vie qui bouillonne. Je suis tellement heureuse de retrouver ce climat, l'ambiance, les gens, la cacophonie, ce chaos organisé, malgré la pauvreté et le peu de ressources disponibles, les gens cohabitent dans le plaisir, la fête, la jovialité. Jeunes, vieux, animaux… les rues sont animées, colorées et vivantes. Ce qui me surprend à nouveau, c'est le calme des habitants, cette force tranquille qui émane d'eux, l'absence de peur.

Notre rencontre au Centre Créa avec le groupe est extraordinaire. Plusieurs synchronicités nous confirment que nous sommes au bon endroit. Tout est naturel et se fait dans un réel plaisir. Daniel nous accueille chaleureusement chez lui avec sa jeune fille Akaelia. Je suis heureuse plus que jamais de comprendre et de parler espagnol. Je rencontre ce cher Luis[16] et nous discutons, échangeons rapidement. Il parle sans prendre de détour. Franc, avec sa voix rauque, ses yeux d'un bleu très clair et sa physionomie très solide, il impose le respect. Nous reconnaissons ce lien d'âme qui nous relie. Très spirituel, Luis est canal, guérisseur et passeur d'âmes. Il soigne et aide de nombreuses personnes qui ne trouvent pas de solution à leurs maux. Les gens viennent de partout dans le monde pour le voir. Il est un des rares Cubains s'étant tourné vers la médecine chinoise et ayant une vie très spirituelle. Peu de gens locaux comprennent ou partagent ce qui l'anime. L'arrivée de ces Canadiens avec une ouverture et un cheminement spirituel lui font un grand bien ! Au cours de la semaine, lors de marches ou de moments à table, il me confie spontanément plusieurs choses à mon sujet. Sans filtre, des informations me sont partagées. Ce sont pour moi les confirmations que mon cœur espérait entendre depuis longtemps. Ce qui m'habite intimement m'est confirmé par un être jusque-là inconnu.

16. Luis Antonio Diaz Yanes.

Transmission de Luis, ancienne vie et guide actuel

Au cours d'un après-midi de temps libre, nous nous rendons Marc-Antoine et moi dans la colorée ville de Trinidad pour acheter quelques souvenirs. Les rues sont animées par de nombreux artisans. Nous allions partir lorsque me retournant, mes yeux se posent sur un collier parmi tous les étalages. Un collier auquel est accrochée la dent d'un animal, similaire à celle de la vision obtenue au Cercle de femmes. Je l'achète et le porte immédiatement.

Nous retournons à la maison de Daniel en soirée où se retrouvent les membres du groupe. Luis est assis à une petite table de l'entrée. En me voyant arriver, il me dit :

> Le collier, là... c'est ce que je te disais. Je te demandais
> si tu portais un objet quand tu offres des soins
> reiki. Tu dois porter ce collier. C'est ta tribu :
> *Javali* (porcs sauvages). Tu dois porter ce collier-là.
> Tu appartenais à cette tribu dans une ancienne
> vie. Tu le portes pour te connecter à ton guide.

Puis il s'arrête là.

La dent était donc celle d'un sanglier ou d'un porc sauvage. Une tribu de l'ancien Mexique ou de l'actuel Texas à laquelle j'appartenais dans une vie antérieure.

Les révélations se poursuivent

Un peu plus tard, Luis, assis à la table à manger, me regarde avec ma robe noire : « Tu aimes porter du noir ? » Je lui dis que oui. Souvent je porte du noir. Et voilà qu'il me transmet des révélations concernant mon guide et ma mission.

« Ton guide spirituel maintenant, dans ton incarnation, est une femme-médecine amérindienne (Aigle noir, *Aguila negra*) au visage fin, aux longs cheveux noirs attachés derrière par deux tresses. Elle attend pour communiquer, te parler et agir à travers toi. Tu dois porter un objet qui va te permettre d'être en contact avec elle. Elle va t'aider dans les soins, agir à travers toi.

Tu dois porter le collier de dent de porc sauvage avec un bandeau rouge et une plume d'aigle vers le bas durant les soins. Ta tribu se nomme *Javali*. Tu vivais dans l'ancien Mexique, le Texas actuel. Tu dois aller voir les ancêtres qui t'attendent pour te transmettre les messages. Tu vas retransmettre, enseigner les connaissances de cette tribu qui avait une grande connexion avec la Terre. Une tribu libre qui a été persécutée, pourchassée mais qui a maintenu ses propres croyances, ses savoirs (liberté) et son amour de la Terre.

Aigle noir était cheffe, chamane reconnue, vénérée. Ce sera un peu difficile de trouver les ancêtres, mais tu vas y arriver. Tu dois porter le collier (ta représentation).

Quand tu vas avoir la plume, mets le collier et médite avec tes ancêtres. Tu trouveras une plume noire d'aigle au Texas. Ça peut être une ancienne qui va te donner cette plume. Tu dois suivre le chemin :

ton chemin ! Comme eux. Ils suivaient leur propre chemin… ils étaient libres. C'était un peuple décimé qui s'est retiré dans le territoire, avec leur autonomie, leurs propres croyances et libre.

Tu vas conseiller au monde. Tout le monde t'écoutera. Tu vois dans le feu ce que la personne a de négatif. Tu travailles avec le feu, qui va prendre les énergies négatives. Ta force est dans le feu. Le feu te donne la vision de la partie positive et négative de la personne et la vision du futur.

Les runes. Tu vas travailler avec les runes et le feu. Comme *ceux qui vivaient près du fleuve*, qui posaient des questions avec les runes et voyaient dans le feu. Tu dois faire tes propres runes avec des os d'animaux, avec ton inspiration du moment. Selon la forme donnée et la façon dont les pièces vont être disposées, tu vas recevoir un message. La première fois, regroupe les petites pierres et les os, lance-les et ensuite écris les symboles qui te viendront en tête sur chacune des pièces. Tu dois voyager pour trouver ces objets.

Peut-être que tu ne repartiras pas de là-bas. Quand tu vas trouver la Terre. Parce que tu appartiens à cette Terre, ce peuple. Ces personnes qui t'attendent ont besoin de toi. C'est ta décision de partir ou non pour cette mission. Tu vas te définir là-bas comme conseillère ou recontacter cette sagesse ancienne, pour avoir la reconnaissance de ce que tu sens déjà en toi, pour le partager ensuite. Tu es une clé de cette sagesse-là qui doit être retrouvée. Marc-Antoine est la personne qui te manquait pour accomplir cette mission. Peu à peu, tu vas suivre ce chemin. »

Pause.
À ce moment, tous ceux présents à cette table sont ébahis par ce qui se passe.

« La force. Tu dois maintenir la force sur ton chemin, te protéger des énergies négatives. Maintenir ta mission et te protéger. Tu peux travailler avec la lune. Au 7e jour du cycle, médite pour recevoir l'inspiration.

Tu as eu plusieurs vies passées. Tu as vécu au Tibet, en Inde, en Amérique, et tu as tous ces atouts, les atouts de ces vies passées sont en toi. Mais dans cette incarnation, tu es plus près de la tradition amérindienne. Tu es très spirituelle. Tu vas guérir et enseigner en tant que conseillère spirituelle. Plusieurs personnes vont venir à toi pour la guérison. Tu portes une grande énergie d'Amour, de guérison. Amour dans tes paroles, tes formes d'expression. Ne doute pas. Tu es connectée aux savoirs anciens, à la médecine ancestrale.

Active le CHI, avec la respiration bouddhiste, qui est la nourriture pour ton guide spirituel qui se trouve dans ton HARA. Plus tu l'alimentes, plus d'énergie tu as. C'est un esprit que tu étais dans une autre vie et qui t'enseigne maintenant. »

✦

Sur ce… je reste sans voix, dans un instant de béatitude.

À la suite de ces révélations, nous nous rendons tous à minuit sur le toit à ciel ouvert où Luis nous avait conviés plus tôt dans la journée pour vivre une expérience de connexion spirituelle. Il semblerait qu'à minuit la connexion est facilitée et amplifiée. Nous sommes assis en cercle et entrons dans le calme. Le maître de ce rendez-vous se tient debout au centre, vêtu de son habit traditionnel chinois et se met à bouger, à faire des mouvements amplifiés, comme dans une danse avec l'invisible. En cet instant, j'ai l'impression d'être hors du temps.

Main dans la main, chacun d'entre nous vit l'expérience à sa façon, prend contact avec des images, des sensations nouvelles. D'une grande générosité, Luis nous offre l'occasion de nous connecter avec l'invisible, avec cette autre dimension qui ne se voit pas avec les yeux, mais avec le cœur. Nous partageons à tour de rôle notre expérience et en sortons tous marqués profondément.

Parfois je me demande si je n'ai pas rêvé tout ça !
Eh bien, non... merci Luis. Je fais un pas de plus chaque jour, me rapprochant de ma mission. Merci d'être là.

✦ Janvier 2020

Nous revenons donc en plein hiver au Québec qui me semble tellement terne, au tout début de la pandémie de Covid-19. Je suis en forme, déterminée plus que jamais, je me sens solide et enracinée. Heureuse de revoir les filles et de leur partager cette semaine exceptionnelle.

À la fin janvier, je décide de participer à une rencontre chez mon amie Monique avec Marc-Antoine.
Je lui offre pour son anniversaire un atelier donné par Sarah Diane Pomerleau, thérapeute/canal.
J'y découvre à ce moment qu'elle a publié un livre intitulé Dialogues avec l'Aigle et les Maîtres de l'Arc-en-ciel *et que cet Aigle ou ce guide qu'elle canalise se nomme Black Eagle et provient du sud des États-Unis.*

À ce moment, les peurs qui m'habitent sont celles de partir, de laisser mes filles, le besoin d'être

là pour elles, l'insécurité, le vide, la confiance
en l'autre, quitter ma responsabilité de mère,
la crainte de la désorganisation, les difficultés et défis
de mes enfants, qu'ils arrivent à vivre sans moi.

✦ Février 2020

Guérison et liberté intérieure

Je dîne avec Marc-Antoine et lui confie que je suis sur une belle lancée avec mon site Internet. Je suis fière de dire que j'affirme maintenant l'aspect guérison dans mes services.

Il m'interrompt et me demande ce que signifie pour moi *guérison* (les guides lui parlent). Je lui explique que pour moi, la guérison signifie d'être libre intérieurement, libre de tout frein, peur, blocage intérieur, libre d'être qui l'on est, libre des soucis… en paix, heureux.

Il me dit que j'ai bien nommé : Guérison = Liberté.

Marc-Antoine m'explique (les guides parlent à travers lui) :

Comment se maintenir dans la liberté. Valoriser ce qui maintient dans cet état de liberté intérieure. C'est ce que tu vas enseigner aux gens. Comment ils peuvent maintenir cet état de liberté intérieure. Redonner aux gens leur pouvoir d'agir oriente vers la liberté. Le pouvoir d'agir est un outil pour jouir de sa liberté.

Mais ils précisent que ce n'est pas tout à fait vrai, car on peut être impuissant et libre à la fois.

Les guides s'abaissent bien bas devant moi.

Durant cette période :
- *les filles aident leur père sur le chantier de rénovation de sa maison ;*
- *je remarque un changement d'attitude de ma Lune qui est plus distante.*

Préparer la terre

Avant de s'endormir, Marc-Antoine me confie que son guide et d'autres êtres de lumière sont présents.

Ils me disent qu'ils vont m'aider, travailler pour moi cette nuit et pour lui, afin que l'on puisse canaliser demain. On me dit qu'une grande lumière bleue nous enveloppera et qu'il sera important d'être à l'écoute des rêves.

Pour ressentir leur présence, je dois chercher la nouveauté en moi, rien de connu. Plus d'humilité et moins de volonté.

On me dit que je sens déjà leur présence. C'est mon cœur qui bat plus fort. Faire comme le germe de la semence dans la terre : la petite pousse. Seulement être sa Terre ou comme pour les étoiles, être le ciel.

Je tenais entre mes mains le livre de Marie-Claude Demers, *Oui à la vie !* Les guides me demandent de l'ouvrir à la page 79. Je lis alors le sous-titre :

Retour aux sources

« Ce que l'humanité traverse en ce moment peut être considéré comme un portail et un trou noir. La décision de tomber dans le trou noir ou de passer par le portail dépend de vous. S'ils se repentent du problème et consomment les informations 24 heures sur 24, avec peu d'énergie, nerveux tout le temps, avec pessimisme, ils tomberont dans le trou. Mais si vous saisissez cette occasion pour vous regarder, repenser la vie et la mort, prendre soin de vous et des autres, vous traverserez le portail. Prenez soin de votre maison, prenez soin de votre corps. Connectez-vous avec le corps central de votre maison spirituelle. Connectez-vous à l'égrégore de votre foyer spirituel. Corps, maison, corps moyen, maison spirituelle, tout cela est synonyme, c'est-à-dire la même chose. Lorsque vous en prenez soin, vous vous occupez de tout le reste. Ne perdez pas la dimension spirituelle de cette crise, ayez l'aspect de l'aigle, qui d'en haut, voit le tout, voit plus largement. Il y a une demande sociale dans cette crise, mais il y a aussi une demande spirituelle. Les deux vont de pair. Sans la dimension sociale, nous tombons dans le fanatisme. Mais sans la dimension spirituelle, nous tombons dans le pessimisme et le manque de sens. Vous étiez prêt à traverser cette crise. Prenez votre boîte à outils et utilisez tous les outils à votre disposition. Apprenez-en davantage sur la résistance des peuples autochtones et africains : nous avons toujours été et continuons d'être exterminés. Mais nous n'avons toujours pas cessé de chanter, de danser, d'allumer un feu et de nous amuser. Ne vous sentez pas coupable d'être heureux pendant cette période difficile. Vous n'aidez pas du tout en étant triste et sans énergie. Cela aide si de bonnes choses émanent de l'Univers maintenant. C'est par la joie que l'on résiste. De plus, lorsque la tempête passera, vous serez très important dans la reconstruction de ce nouveau monde. Vous devez être bien et fort. Et, pour cela, il n'y a pas d'autre moyen que de maintenir une vibration belle, heureuse et lumineuse. Cela n'a rien à voir avec l'aliénation. Il s'agit d'une stratégie de résistance. Dans le chamanisme, il existe un rite de passage appelé la quête de la vision. Vous passez quelques jours seul dans la forêt, sans eau, sans nourriture, sans protection. Lorsque vous passez par ce portail, vous obtenez une nouvelle vision du monde, car vous avez affronté vos peurs, vos difficultés… C'est ce qu'on vous demande. Laissez-les profiter de ce temps pour effectuer leurs rituels de recherche de vision. Quel monde voulez-vous vous construire ? Pour l'instant, voici ce que vous pouvez faire : la sérénité dans la tempête. Calmez-vous et priez. Tous les jours. Établissez une routine pour rencontrer le sacré tous les jours. De bonnes choses émanent, ce que vous émanez maintenant est la chose la plus importante. Et chantez, dansez, résistez par l'art, la joie, la foi et l'amour. »

Message de White Eagle
de la nation hopi le 16 mars 2020

Veiller sur la flamme et la pierre

« Accueillir la vie telle qu'elle nous est proposée. »

✦ 4 avril 2020

Assis face à face, Marc-Antoine et moi nous intériorisons pour entrer en méditation. En silence, j'ai l'intuition d'aller voir mon arbre intérieur. Je demande à mon arbre s'il a quelque chose à m'offrir. Il m'offre une pierre en forme de cœur que je prends dans ma main droite. Je me vois plonger en moi comme si j'étais cette pierre.

M.-A. D.[17] **:** *On me dit de choisir une pierre. De décrire cette pierre.*

L'arbre m'a offert une pierre avant de descendre dans les profondeurs. C'est une pierre d'un poids assez lourd que je peux saisir dans ma main, une pierre ronde, grise, lisse, avec de petites taches scintillantes.

M.-A. D. : *On me demande dans quelle Terre tu souhaiterais déposer cette pierre ?*

Je vois un désert.

17. M.-A. D. : Marc-Antoine Dion.

M.-A. D. : *Qu'y a-t-il dans ce désert ?*

Très peu de vie, très peu de choses. J'ai l'impression que c'est une Terre qui peut se situer au sud des États-Unis. Le sable est presque orangé. Une belle chaleur. La Terre est rouge. C'est sec, désertique.

M.-A. D. : *Pourquoi la pierre serait bien là ?*

Pour la chaleur de la Terre. Pour l'amour, le silence, la paix.

M.-A. D. : *On me demande, dans quelle eau aimerais-tu déposer la pierre ?*

Une rivière d'eau vive. Une eau froide, pure. En mouvement. Sans trop de courant, mais toujours en mouvement. Pour nettoyer, purifier. Sentir la vie, la joie.

M.-A. D. : *Est-ce que tu connais ce lieu ?*

Pas précisément, mais je vois une rivière en forêt. Une petite cascade. Une rivière pas très large ou un ruisseau.

M.-A. D. : *Sous quel ciel voudrais-tu déposer cette pierre ?*

Un grand ciel étoilé.

M.-A. D. : *Connais-tu ce ciel ?*

Pas encore.

M.-A. D. : *Dans quel feu brûlerais-tu cette pierre ?*

Mon feu sacré.

M.-A. D. : *Décris-le.*

Un feu préparé avec amour allumé d'écorce de bouleau, de cèdre dans lequel j'aurais déposé mes offrandes, mes intentions. Un feu entouré de Grands-Pères, de Grands-Mères[18]*, et qui serait bien vif.*

M.-A. D. : *À quoi reconnaît-on que c'est ton feu ?*

Hum... Je le sens.

M.-A. D. : *Tu le sens où, comment ?*

Dans mon cœur, par sa forme, la disposition des éléments, par l'énergie et la paix que je ressens.

M.-A. D. : *Comment fais-tu pour déposer tes intentions dans ton cœur ?*

Je place mes mains sur mon cœur. Je ferme les yeux. Je parle avec mon cœur. J'écoute.

Qu'est-ce que vous voulez me faire entendre ou voir ?

18. Les pierres sont nommées Grands-Pères et Grands-Mères dans la tradition amérindienne, car elles renferment la mémoire et la sagesse du monde. Lors des huttes de sudation, elles offrent leur vie et leur médecine pour notre guérison.

M.-A. D. : *Les véritables intentions nourrissent déjà la flamme du cœur. Elles sont la source même de ton feu intérieur. La pierre qui brûle dans ton feu sacré, la pierre sous les étoiles, la pierre dans le torrent, la pierre sur la Terre, sont des images de ton cœur.*
Elles n'ont pas besoin d'avoir. Elles sont. Elles n'ont besoin de rien. Elles attendent à tout moment ton attention. Le feu en toi est éveillé. L'eau de ta source est nourrie. Ta Terre, est désert. Et ton ciel bien qu'étoilé, n'est que la nuit.

Descendons plus profondément. Descendons dans ta source. Descendons jusqu'où la pierre peut descendre. Jusqu'où la pierre change de nature, où elle devient malléable. Dans la forge du monde. Descends, descends... Ce sont tes propres mains qui forgent la pierre. Ce sont tes propres mains qui donnent à la pierre ses désirs. Ressentir. Voir. Percevoir. Percevoir l'invisible.

Comment puis-je améliorer ma faculté de perception de l'invisible ?

M.-A. D. : *Dans votre corps, sous l'estomac se trouve une flamme. Cette flamme peut vous guider. Sa couleur, sa grandeur, sa chaleur vous informe de la justesse de votre vérité. Il est encore tôt pour percevoir l'extérieur. Mais il est juste de donner du crédit à la vérité, à la réalité de cette flamme qui vous nourrit. Soyez attentive à laisser brûler la flamme. Elle ne vous consume pas, elle ne vous fatigue pas, elle est l'image de votre vie. Votre feu sacré. Vous devez en prendre soin. Vous devez vous préoccuper de prendre soin de la flamme et de la pierre. La pierre est un indicateur du temps. La pierre se modèle, se martèle en dizaine d'années, en dizaines de dizaines d'années, elle se façonne selon son environnement. Elle répond à son environnement mais garde toujours ses propres désirs. Elle est apte à vivre sous tous les ciels, dans* *toutes les eaux, sur toutes les Terres. Le feu l'éveille. Votre feu l'éveille. Vous devez vous occuper de votre feu. Et de votre pierre.*

Merci.

M.-A. D.: *La pierre est bien plus sage. Bien plus sage que l'humain. Mais c'est à l'humain qu'il est demandé de s'éveiller. Comme la semence, le germe cherche la lumière. L'humain cherche la lumière. Le rôle de la semence, c'est de puiser dans son environnement quel qu'il soit, peu importe le ciel, peu importe la Terre ou la rivière, creuser dans son environnement pour monter vers la lumière. Les épreuves, les doutes, les contraintes, sont là pour vous. Pour vous aider à ne pas oublier la lumière. Ce qui est difficile pour l'humain, pour nous contacter, pour être avec nous, c'est qu'il croit toujours qu'il doit faire quelque chose. Il doit apprendre à* ACCUEILLIR. *Il doit accueillir comme le germe accueille ce que l'environnement lui offre. La vie est généreuse pour tous. C'est le principe même de la vie. Chercher un autre sens, c'est le corrompre.* LA VIE EST GÉNÉROSITÉ. *Bien-être. Suivre sa flamme, regarder sa flamme comme on regarde son époux, son épouse. On regarde sa flamme comme notre amoureux. Et on se met en acte, pour le garder vivant, heureux, amoureux, joyeux. On le soutient dans les tempêtes. La flamme, c'est un peu comme un joyau rempli de connaissances, d'amour, d'intelligence, de résilience, de beaucoup de joie. Votre feu sacré, c'est d'abord un feu de joie. Beaucoup plus qu'un feu d'offrandes. C'est votre compagnon fidèle. C'est votre confident. Il travaille avec vous sur votre Terre. Sur votre pierre. À modeler ses désirs pour vous rendre heureuse. Si on voulait vous donner une image, on dirait que votre feu sacré travaille à vous rendre heureuse. Et que son travail est facilité par votre accueil à la vie qui vous est proposée.*
Avez-vous des questions?

Je pense que vous m'avez transmis ce dont j'avais besoin en ce moment. Je souhaite entretenir mon feu, accueillir davantage.

M.-A. D. : *Alors, soyez joyeuse. Chantez, dansez… Votre feu est un feu de joie. Il a besoin de votre joie. Il a besoin de bûches de joie. De bûches d'amour.*

Est-ce que ce feu est ce qu'on appelle notre enfant intérieur ou notre âme ou est-ce que c'est l'essence divine qui nous habite ? Est-ce cette notion de feu sacré intérieur utilisée par les autochtones ou y aurait-il un autre nom ?

M.-A. D. : *Le feu sacré, c'est l'étincelle de vie dont vous êtes dépositaire. L'étincelle de vie qu'on vous prête pour cette vie. C'est un compagnon intelligent, aimant, fidèle, qui vous relie à Dieu. Les humains réfléchissent beaucoup en mode binaire. Comme si une chose répondait à toutes les choses. Dieu est partout. Dans tout. Votre feu sacré est votre chemin de vie. Plus vous êtes à ses côtés, plus votre vie sera intense et belle, remplie de fruits. Le feu sacré est une image de votre reliance invisible à vous-même. Il vous informe de votre propre présence à vous. Et votre présence à vous garantit l'unité avec le Tout.*

Merci.

M.-A. D. : *Vous devez vous faire confiance. Vous devez être heureuse. Vous devez prioriser votre joie. Plus les contextes sont difficiles, plus il est nécessaire d'être joyeux. Vivez votre vie, avec amour, avec joie, avec passion. Cessez de vous contrôler. Faites confiance à votre flamme. Vous allez devenir ce que vous souhaitez devenir. Personne, personne n'a le pouvoir de vous empêcher de réaliser vos rêves. Vous seule empêchez votre propre éveil. La joie est votre chemin.*

Est-ce que je suis sur la bonne voie ? Est-ce que tout ce que j'ai accompli… (soupir), *je sais que tout est bon.*

M.-A. D. : *Voilà, vous avez la réponse. Et les vitesses d'apprentissage sont en harmonie avec votre rire. Plus vous riez, plus vous grandissez. Plus vous riez, plus vous émettez de lumière. Plus vous riez, plus vous rayonnez, plus votre feu réchauffe les cœurs. Au début, le feu vous réchauffe vous, puis son intensité grandit, il réchauffe le cœur des voisins et des communautés. Mettez des bûches d'amour, mettez des bûches de joie, de chants, soyez heureuse !*

Merci. À qui ai-je l'honneur ?

M.-A. D. : *Aujourd'hui, nous étions plusieurs, nous sommes plusieurs. Mais celui qui parle pour nous était celui qui avait les meilleures images pour vous. Nous allons vous donner son image. Mais pas son nom (je vois un sage amérindien, aux longs cheveux noirs, au nez fin avec une coiffe). Nous allons déposer son image en vous, aux côtés de votre pierre. Nous vous remercions. Nous vous aimons infiniment.*

Merci.

M.-A. D. : *Soyez heureuse, soyez préoccupée de votre bonheur. Vous savez ce que c'est que le bonheur. Soyez heureuse. Intensément heureuse. Intensément amoureuse.*
À bientôt.

Merci, à bientôt.

✦ 16 avril 2020

Nous sommes au lendemain d'une grosse journée conflictuelle avec ma fille : retrait chez mes parents. Je reconnais l'importance de me respecter. Au matin, Marc-Antoine se retire pour aller marcher et me laisse un poème sur la table : La Marche de l'Amour. *Souvent, il part faire le tour du lac Trois-Saumons. Je me prépare et vais le rejoindre.*

Mon tirage Yi Jing du matin *:*

Adversité *: faire preuve de souplesse. Agir comme l'Être grand et ne pas vouloir imposer le respect à ceux qui ne sont pas disposés. Agir, savoir dire non, mais plier… comme le bambou, en maintenant une droiture, et ne pas essayer de changer ce qui ne peut l'être en ce moment ou convaincre ceux qui s'opposent aux règles.*

La marche de l'amour

« Enlever l'ombre du contrôle. »

Marc-Antoine et moi marchons côte à côte, je suis triste, le bruit de nos pas sur le chemin enneigé marque le rythme. Marc-Antoine porte son cellulaire dans sa poche et enregistre dès qu'il sent venir une transmission.

M.-A. D. : *Le cœur et le feu sont la même chose.*
On me dit aussi que l'instinct, c'est la parole des animaux, de l'animal en soi. Pour en faire un bon usage, il faut passer cette parole-là dans

le feu, il faut passer l'instinct dans le feu du cœur. Le guide me dit que tu sais ce que ça veut dire et il me dit qu'on t'aime.

(Je pleure.) *Merci... je le sens bien dans mon cœur.*

M.-A. D. : *C'est dans le cœur que tout se joue, tout. L'instinct, quand il n'est pas transformé par le cœur, reste un mécanisme de survie animal. Un mécanisme de communication animale qui relie le monde invisible et le monde visible. Le monde créé et le monde incréé. C'est possible d'être en relation authentique en écoutant par le cœur. En parlant par le cœur.*

Marcher dans sa vie, dans la vie. Ça ne t'évitera pas de faire des erreurs. Des erreurs que tu considères être des erreurs, sont le plan divin. Elles sont là pour toi, juste pour toi. Ce ne sont pas des erreurs. Tu dois marcher ta vie. Te libérer. Il y a de la lumière au bout du tunnel. On est à la fin d'un tunnel. Ce que tu espères va s'ouvrir, mais bien plus grand que tu ne le crois. On fait pousser de nouveaux germes dans une Terre bien labourée. Dans une Terre retournée. Il faut enlever l'ombre du contrôle pour laisser la lumière nourrir ton jardin. Tu n'as jamais eu un jardin aussi grand. Tu n'en connais même pas la dimension.

Rien de ce que tu connais en toi n'a besoin de ton attention. Rien du tout. Porte ton attention à observer grandir les germes de ton nouveau jardin. Ça ne commence pas dans deux mois avec le voyage, ça ne commence pas dans un an après le voyage, ça commence maintenant. Dans la seconde où je parle. Ça commence dans la seconde où je parle, c'est maintenant commencé. Tu es transformée.

OK...

M.-A. D. : *Tout ce qui est préoccupation, tu dois le laisser.*

(J'ai la gorge nouée, je suis émue.)
Je vais mettre l'attention sur mon jardin. Observer.

M.-A. D. : *Pour employer une allégorie, il y a plusieurs types de semences dans ton jardin. Chacune d'elles t'offrira ses fruits. Chacune d'elles grandira, tu dois les arroser avec la foi. Tu dois les offrir, par le feu. Par ton feu intérieur.*

Merci.

M.-A. D. : *Ce n'est pas fini.*
La chaleur de ton feu ne sera pas reconnue par tes proches. Pas maintenant. Il y a trop de pluie sur eux. Il faut d'abord partager cette chaleur, cette énergie, ce rayonnement avec ceux qui le veulent.

Il n'y aura pas d'effort. Il n'y a pas d'effort. Il y a, dans la vie de plusieurs des hommes, trois grands moments. Trois grandes bascules. Chacune de ces bascules exige le libre choix.

On me dit que le reste, tu le connais. On me dit qu'il est temps d'être vraiment responsable.

Bien sûr.

M.-A. D.: *Que choisir d'être guidée par la nature, par l'invisible, par Dieu, c'est choisir d'être soumis à cette vie qui nous est proposée. L'instinct de l'animal informe. Tu dois le faire brûler de ta flamme et suivre ton chemin.*

Hum… Le chemin de l'amour.

M.-A. D.: *Tout est amour… tout est amour. L'AMOUR, C'EST LA JOIE. Ta vie, tu ne la subis pas, comme le disait Jésus, ta vie, c'est toi qui l'offres. Tu as choisi d'offrir ta vie, sois-en responsable. Tu as choisi d'avoir des dons, de les maîtriser, il te reste à choisir d'offrir ta vie. Tu es libre. Mais sache que des occasions de profonde transformation, tu en as rarement plus de trois. Le ciel conspire. Comme il l'a toujours fait à ton bonheur, au bonheur de tous.*

*C'est une illusion de croire que vous êtes dans un monde de bien et de mal. Tout est bien, tout est amour. C'est le refus de cet amour qui crée des blessures. L'éveil, c'est un état de vigilance à sa vie. Rien de plus. Rien de plus. L'éveil peut se faire à la cuisine, comme devant une foule. Il n'y a aucune différence pour Dieu. Cessez de vouloir impressionner Dieu (*je souris*). Soyez heureux!*
M.-A. D.: *Nous reviendrons. Sachez que nous vous aimons.*

Merci infiniment.

M.-A. D.: *Sachez que nous vous aimons dans chacune de vos cellules, nous sommes glissés comme un voile entre chacune de vos cellules. Nous sommes en vous. Vous respecter, c'est nous respecter. Nous respecter, c'est vous respecter.*

Passez une belle journée !

(*Je ris… heureuse.*)

Bisous, merci !

M.-A. D. : *Et on me dit merci.*

✦ 3 mai 2020

Corps maison

Je suis seule à la maison. Je suis triste depuis une semaine, je traverse une grande épreuve. J'ai touché le fond. Je suis allée passer deux jours chez Monique en urgence en plein confinement, je ne savais plus où aller. Le centre pour femmes victimes de violence conjugale ne peut pas me recevoir ou m'offrir un lit temporairement. Je vis de la violence à la maison, mais avec ma fille, une violence familiale et non conjugale. Il n'y a aucun endroit, aucun lieu pour m'accueillir dans cette situation. Je suis épuisée.

Je suis prise d'hystérie, de folie face à ce cycle sans fin. Je lance des objets, je crie ma douleur. Je m'effondre sur le sol de béton dans la cave. Elle me suit et face à elle je pleure, je hurle :

« Tu me tues ! Tu me tues par en dedans ! »

Paniquée, elle répond :
« Non ! Mais non ! »
Elle pleure…
« Maman… »

Terrorisée, elle quitte la maison avec son père qui ne comprend pas et en a assez de devoir réagir en urgence. Je n'ai pas l'écoute, la compréhension ou l'aide voulue.

Ma fille est en état de choc. Je vois comme son comportement est plus fort qu'elle. Elle n'a pas conscience de l'impact de tout cela, de son attitude. Je comprends, mais la souffrance quotidienne est telle que je n'en peux plus. Aucune joie, aucune paix, que de la tension depuis des mois. C'est ma vie et ma santé qui sont en jeu. J'ai tout donné. Je suis au bout. Mes amis ignorent ce que je traverse. Je m'isole dans la honte.

Chaque jour, je suis comme un soldat au front avançant sur un champ de mines. Que va-t-il se passer aujourd'hui... jusqu'où va-t-on se rendre... qu'est-ce qui risque d'exploser ? Je vis dans la peur, l'appréhension de la journée et envers ce que je pourrais dire ou faire. Non seulement les murs, mais nos cœurs sont perforés. J'ai peur pour elle et pour ma Lune qui vit dans ce climat. Une distance se crée entre elle et moi également. Elle n'en peut plus de me voir maintenir un état de victime. N'en peut plus de cette souffrance. Elle fuit et trouve refuge auprès de ses amis. Elle s'évade et trouve un peu de liberté grâce à sa nouvelle motocyclette. Je ne la vois presque pas de l'été. Elle qui était, je l'avoue, souvent celle à qui je me confiais, tout comme pour son père. Quelle erreur. Mature, réfléchie, on la sentait solide, mais de l'intérieur elle souffrait profondément de toute cette situation toxique et chaotique qui perdure depuis des années. Elle aussi a craqué.

Je suis en train de perdre mes filles.

J'ai eu cette semaine une discussion avec mes parents et Marc-Antoine, j'ai nommé la situation avec ma fille et mon épuisement.

Je vis une dépression : j'ai perdu vingt livres, je pleure chaque jour, je ressens la culpabilité, l'impuissance, en plein confinement qui ajoute à la tension, les possibilités diminuées, je me sens prise au piège. J'ai besoin d'aide. La relation tendue avec le père, le chaos dans sa propre vie, sa maison qui ne sera pas prête à temps pour accueillir les filles cet été, les conséquences sur notre projet de voyage, la confiance que je n'arrive pas à avoir envers lui, comme si tout reposait sur mes épaules. Mes parents sont affectés par la situation. Ils m'aident comme ils le peuvent, mais vivent également leurs défis personnels, avec leurs limites et le sentiment d'impuissance. La médiatrice en moi, celle qui souhaite l'harmonie et le bien pour chacun, qui a l'habitude de tout prendre en charge, est profondément affectée.

Je l'avoue, à ce moment, je voudrais mourir.
Je ne sais pas comment me sortir de ce chaos.

Marc-Antoine m'offre deux soins pour m'accompagner. Je suis la Terre, avec le volcan, l'arbre et tous ces animaux dans mon bassin qui m'invitent à voir les couleurs et les images nouvelles. La naissance de la guérisseuse et la guérison ultime de tout mon être. Il part ensuite à Bury dans les Cantons-de-l'Est se retirer une semaine dans une petite maison en forêt offerte par son parrain André. Lieu où nous irons nous installer en août, nous doutant que le projet de voyage à moto n'aura pas lieu.

Ce matin, je marche seule au Domaine
de Gaspé après ma première canalisation. Journée
pluvieuse. Je fais une lecture de roche[19]*.*
Le déménagement à Bury est-il bon ? Je vois
des traces de pattes d'oiseau, de chevreuil, une jambe
surélevée, en marche avec une botte. Un oiseau,
un papillon inversé. Ça me dit : en marche.

Couvrir le feu

« Aime-toi comme tu aimes la Terre. »

Je fais chanter mon tambour.

« Quelles sont les solutions pour me sortir de cette situation avec ma fille, son père, la famille, le déménagement, le voyage avec Marc-Antoine, ma santé mentale et celle de mes filles ? S'il vous plaît, éclairez-moi. Est-ce qu'il est bon de partir pour ce voyage ? Est-ce

19. Forme d'art divinatoire naturelle, dont une roche choisie dans la nature sert de support. Les images perçues sur les faces de celle-ci éclairent la question du moment. Un bon moyen de contourner le mental.

que les conditions sont favorables pour que je parte en juillet ou est-il préférable d'attendre un peu ? Que dois-je faire ? Que dois-je faire, s'il vous plaît... (*Souffle.*) Merci... »

M. A. L.[20] *: Qu'arriverait-il si tu laissais tout tomber ? Qu'arriverait-il si tu cessais de contrôler ? Que ressens-tu en ce moment ?*

Une grande paix.

M. A. L. *: Soit tu choisis, soit tu subis, soit tu meurs, soit tu vis, ramène-toi dans ton cœur, Marie Anne. Sois assurée que tout ce que tu fais est bon. Rappelle-toi que tout est juste. Rappelle-toi l'amour, l'amour dans chacune de tes cellules. Juste avant de naître, tu as fait le choix, tu as fait le choix d'amour, par amour, pour ta fille, pour son père, pour Marc-Antoine, pour toi-même, pour ta vie, pour tes parents... Rappelle-toi que tout est illusion. Rappelle-toi que ce chemin est un chemin d'amour. Tu es bénie mon enfant, n'oublie jamais que nous sommes à tes côtés, que la montagne cache un soleil radieux. Que tu avances sur cette montagne avec foi et courage, que chaque pas que tu fais te rapproche de ta lumière, ce grand soleil resplendissant à l'intérieur de toi. C'est la Terre qui parle. C'est la Terre, c'est l'amour, relie-toi à la Terre. Aime-toi comme tu aimes la Terre. Prends soin de toi, comme tu prendrais soin de ta Terre. Enlève les feuilles mortes, enlève les racines, porte ton attention sur les germes, sur les petites pousses qui sont là. Nettoie ta Terre intérieure. Un jardin florissant est là en toi. Ta lumière est forte, Marie Anne. Ne doute jamais que les épreuves*

20. M. A. L. : Marie Anne Lemay.

ont une fin. Que ce que tu vis ne mérite pas d'attention autant que ce dont tu es capable.

Tu es divine et lumière... Tu es LA... LUMIÈRE (*chanté*).

(*Je sens une grande vibration au niveau de la tête. Je sens que mon champ énergétique, tout mon corps est ouvert, grand et que le chant porte dans une autre dimension.*)

Qu'est-ce que je dois faire maintenant. Est-ce que je dois rester encore cet été pour mes filles ou est-ce que je peux partir en paix en juillet ?

M. A. L.: *Si tu tiens à couvrir un feu, est-ce que ce feu brûlera malgré tout ? Est-ce que tu risques de te brûler ? Si tu laisses le feu brûler et que tu jettes un œil dessus, il s'éteindra par lui-même.*

Est-ce que ce voyage est possible ?

M. A. L.: *Tout est possible, tout dépend de toi. Tout dépend de ce que ton âme, de ce que ton cœur te dit. Écoute les signes, écoute-toi. Nous sommes là. Tout est bon. Tout est bon. Ce n'est pas un mois, deux mois ou trois mois qui sont importants. Ce qui est important c'est que tu réalises les désirs de ton âme. Que tu nourrisses ton feu, que tu alimentes ton feu de joie. Nous te bénissons, nous te chérissons. Cette expérience est voulue, cette expérience t'apportera de grandes joies. N'oublie pas que le soleil brille derrière la montagne toujours et que tu arrives au-dessus de cette montagne. Aie confiance mon enfant.*

Merci.

M. A. L.: *Et nous sommes heureux de pouvoir t'assister. Tu as une grande lumière, Marie Anne. Ne doute jamais, ne doute jamais des grands pouvoirs qui t'habitent. Tes choix ont un impact, sur nous, sur la vie, sur la vie de ta fille et sur bien des gens. Nous t'aimons. Tout ira bien.*

✦ Mai-août 2020

Marc-Antoine est parti pour s'installer à Bury. Le voyage est annulé. Je suis à la maison avec les filles tout l'été et je pars le rejoindre fin août. On demande l'aide d'un psychoéducateur à la maison, une aide de dernier recours. Il viendra voir ma fille toutes les semaines durant l'été pour mettre en place des changements. Une travailleuse sociale vient faire le suivi et nous nous rencontrons régulièrement. C'est le dernier recours avant d'envisager un placement en centre de réadaptation jeunesse.

J'essaie de me maintenir en forme, je cours, je marche en forêt, je fais du vélo, je me rends à Kamouraska régulièrement m'échouer sur la grève, m'entourer de beauté. Lorsqu'il y a opposition ou apparition de tension, je quitte la maison, je nous protège. Ça se passe tout de même mieux. Je retrouve un certain espace et me sens soutenue par l'éducateur et les services sociaux. Je vais rejoindre Marc-Antoine une fin de semaine sur deux à Bury où je découvre une région nouvelle, charmante, avec son héritage britannique et écossais. Au mois de juillet, nous faisons un voyage à moto jusqu'à Natashquan pour nous imprégner de l'immensité, de l'horizon à perte de vue.

✦ 19 mai 2020

Juste avant l'été, je fais appel à Marie-Claude pour un soin à distance. Je me réfugie dans ma voiture au stationnement public du village. Je ne pouvais être la maison avec l'énergie négative, je n'étais pas tranquille. Comme d'habitude, sans être informée de mon enjeu, elle se connecte à mon esprit à distance afin de faire émerger et libérer les blocages du moment.

Libérer l'oiseau en cage

« La raison première de ce chaos,
c'est que tu ne te choisis pas. »

M.-C. D.[21] : On va prendre le temps de se déposer toi et moi, Marie Anne, dans l'énergie. On va prendre le temps de demander que, toi et moi, on est conscientes qu'on est UN avec l'énergie divine de Dieu à l'intérieur de nous.

On va demander que tous les taux vibratoires qui ont un rôle à jouer avec toi sur cette expérience de vie puissent être ici et maintenant. On va demander que ton esprit nous permette de communiquer

21. M.-C. D. : Marie-Claude Demers.

facilement et librement afin qu'on puisse t'aider à voir, entendre et sentir tout ce dont tu as besoin sur cette expérience ici, aujourd'hui, en 2020.

OK... Ça pousse, ça pousse ! Marie Anne, elle reste assise... C'est comme si on te poussait : Ouch ! Oui, Marie Anne, elle résiste, elle résiste à l'expérience, pas à l'expérience en soi... On pousse les limites émotionnelles. Il y a beaucoup de blessures dans l'environnement, on dirait que l'environnement est blessé. C'est comme si on voulait garder les cicatrices dans cet environnement telles qu'elles sont. On ne veut pas y toucher pour le moment.

Tout est à vif. Le corps est prêt à transmuter. Il y a beaucoup d'irritabilité. On n'est plus dans une vibration qui est appropriée pour toi. Tu es restée sur une tonalité qui n'est pas celle du moment présent. Où tu es en ce moment, ce n'est pas ta vibration. Tu portes un vêtement trop serré. Tu as expansionné énergétiquement et c'est très irritant. On est même obligé de se défendre dans cet environnement. Tu portes un regard intérieur sur ce noyau et tu es prise dans un engrenage quelconque au lieu de voir toutes les possibilités de ta vie divine.

Tu as de nombreux yeux... dix, douze, quinze yeux.

On sent une retenue éducative, une retenue de l'ego ? C'est comme si tu attendais l'approbation de quelque chose ou quelqu'un, énergétiquement, comme si tu n'avais pas le droit de dépasser le maître.

Ça semble dire : « Mes yeux veulent se développer, c'est déjà existant... »

Je ne peux pas me sentir coupable de ce que j'ai en moi ! Quand tu gardes le voile, tu gardes la douleur qui vient avec. C'est comme une centrale nucléaire sous pression. On arrête la production, ou on utilise ce qui a été créé. On va laisser ce qui est créé. Si on arrête... (silence.)

(*Je comprends que ça me conduit à la mort intérieure.*)

L'expérience veut vivre, veut se développer. Il faut la laisser se déployer. Ne plus laisser l'oiseau en cage, laisser l'oiseau chanter, s'exprimer, être. Tu me dis dans l'énergie : j'ai de nombreux senseurs qui veulent prendre leur identité. Je suis clairvoyante, clairsentiente avec mon IDENTITÉ, ma propre VÉRITÉ.

Il n'y a PAS DE DEMANDE ou PAS D'AUTORISATION. Je ne dois pas attendre une APPROBATION de quelque chose ou de quelqu'un pour être, pour m'exprimer, pour créer, pour créer mon expérience de vie !

Je vois que j'ai été sous l'emprise d'une communauté, pour favoriser la libération de mon identité. Mes sinus se dégorgent. Je vivais à une époque où j'étais vide en dedans, comme si j'avais perdu mon identité : « J'ai un corps, je suis sur cette expérience de vie... mais j'étais la propriété de quelqu'un et de quelque chose. » Il n'y avait pas d'identité, de rêve, de projets... On m'a acheté et je ne me questionne plus. Il y a un vide en moi, il y a quelque chose qui se souvient de cela.

Aujourd'hui, je veux être libre et indépendante, créer... il y a un souvenir en moi qui retient la patente[22] ! C'est une grande programmation d'un vide profond. Il y a une dualité en ce moment, entre moi et cette partie-là. Je veux m'en séparer, car je la présente aujourd'hui.

22. Chose.

Toutes les fois où j'ai donné mon identité à quelque chose ou à quelqu'un, je demande libération.

Ça fait un conflit avec mes nombreux yeux. Mes plus grands yeux sont au-dessus de mes yeux. Ma façon de voir la plus claire. J'ai plusieurs petits yeux autour de mes sourcils, de mon os frontal. Il y a conflit entre ma capacité de voir versus mes croyances, conflit intérieur ou dualité, de l'abandon du divin en moi.

Ce n'est pas évident ici… On voit plusieurs vies, croyances profondes, où il n'y a pas d'âme au corps.

Aujourd'hui, j'intègre l'esprit qui dit oui à mon identité.

Ça entraîne une culpabilité. Quand je veux intégrer l'être de lumière que je suis, c'est comme si je désobéissais, donc je serai punie. C'est sournois, intégré entre les cellules de mon corps. On libère ! On libère immédiatement pour toute limitation, conflits de croyances incrustés dans mes cellules.

Comment m'intégrer dans ma propre croyance face aux croyances des autres ? Je donnais beaucoup de place aux autres sur ma toile. Je ne me suis pas autorisée à prendre ma place. J'ai abdiqué, je n'ai pas embarqué dans les combats, j'ai lâché prise, j'ai laissé les autres prendre du pouvoir.

Je suis en droit de prendre mon identité en totalité ! Le droit ! Je dois intégrer mon droit à ma vérité. Dans la vérité, il y a liberté. Et dans la liberté, il y a vérité.

J'ai le choix d'être dans cette transparence, de me déposer partout sur cette toile. Ce n'est pas être arrogante, « ça pourrait déranger », c'est ma toile. Cette identité d'expérience de vie terrestre m'appartient, elle est ma vérité et mon identité. On peut venir interchanger des communications, des relations. Quand on veut venir partager sur ta toile, c'est parce que tu l'as AUTORISÉ. Et c'est dans ma couleur, dans ma tonalité. Personne d'autre ne m'a donné l'autorisation de… et je laisse les autres retourner sur leur toile.

JE RÉINTÈGRE TOTALEMENT MON IDENTITÉ ! J'ai le droit de faire ce que je veux dessus : me reposer, méditer, fêter, créer… j'ai le droit de faire ce que je veux !

Quand je décide, ça arrive comme un bloc ! Wow… c'est comme une vague.

C'est intéressant. Je suis allée chercher de l'accompagnement en parallèle. Mentalement, j'ai du mal à gérer ce qui m'arrive de ce qui arrive vers moi. Puisque c'est mon identité, je sais comment accueillir ma vibration. IL N'Y EN AURA JAMAIS TROP. C'est une croyance, programmation, l'ampleur et la force de vibration qui vient à moi, elle est prête ! Je n'ai pas à la ralentir, je n'ai pas à la limiter, ça fait de grandes ouvertures.

Il y a cette toile par terre à moi et ensuite je présente en cascade des toiles verticales comme des écrans de cinéma. Ma toile est construite à mon image. Les autres toiles sont des toiles de visions à venir : lorsque tu rencontres quelqu'un, la toile apparaît. Il y a comme une histoire. On ne pourra pas ralentir cette expérience.

Ton énergie christique est déjà rendue ailleurs, ça ne fait que des résistances et de la souffrance. QUAND TU ES DANS TA LIBERTÉ ET TA BEAUTÉ, les histoires arrivent, les toiles et tu donnes accès à toutes ces révélations pour les gens.

Pour toi, ça se passe dans tous les sens ; clair-perception, clair-vision, ressentis, intuitions… c'est comme si tu écoutais la télé. On ne mettra pas plus de wow… C'est normal que ce soit comme ça, c'est ta réalité, on n'y met pas de limitation. Quand ça rentre, ça rentre. On l'accueille comme ça. Quand ça arrive, c'est qu'il y a un besoin quelconque, une utilité. À toi de voir comment tu te sers de toutes tes belles grandes toiles de vision. Personne d'extérieur n'a le droit de juger… car elles viennent de ta Source. Pas autre chose.

Dans les yeux, comme des tonalités vibratoires, tu arrives à voir ces choses-là. On ne pourrait pas programmer ces choses-là à l'intérieur de quelqu'un d'autre. C'est ton ADN. Personne ne peut copier ton ADN. Ça t'appartient. Même si tu voulais l'enseigner. La perception que tu as du monde, de l'environnement terrestre ou autre, est décodée par cette formulation vibratoire que tu as. On ne pourra pas l'enseigner… ça t'appartient, seulement qu'à toi. Il n'y a pas autre chose. Cette façon de décoder n'appartient qu'à toi. C'est comme un reflet qui se fait sur toi. On ne peut pas faire refléter le soleil sur un bout de tissu, il y a quelque chose en toi qui permet d'accueillir le reflet. On ne cherchera pas plus à décortiquer. C'est une identité vibratoire, qui accueille ce qui est autour. Toi tu as ça, d'autres ont d'autres choses… tu peux facilement et agréablement t'en servir sans culpabilité, sans gêne, ce n'est pas plus, ce n'est pas moins, ce n'est pas « ça devrait ou ça ne devrait pas », C'EST L'IDENTITÉ DE MARIE ANNE.

Seule toi peux décider de vivre avec cette expérience de façon aussi détachée ou pas… C'est le libre choix d'en faire ce que tu veux. La courte période de vie terrestre vaut la peine d'être utilisée, c'est vraiment une très petite fraction de temps. C'est comme si on disait : c'est là, là, maintenant, pourquoi diminuer les capacités surnaturelles sur ton expérience de vie terrestre (il y a à ce moment plein de croyances qui s'en vont, comme si on soufflait sur un pissenlit) ?

Libérée des programmations !

Il y a des éclairs en toi ! Oh là ! On vient de brancher le courant avec une force incroyable. L'énergie va savoir comment se placer, il y a un éclatement de croyances, de différentes époques… pas simplement à tes propos, mais différents propos. Il y avait beaucoup de confrontations pour empêcher l'être de lumière que tu es.

C'est sûr que Marie Anne, quand elle utilise son plein potentiel, ce type d'énergie que tu as va venir fracturer bien des affaires, va venir enlever bien des programmes. Au lieu d'être sous l'emprise globale, on est dans la liberté de ta mission, c'est certain que ça fait faire des mouvements, mouvements corporels, de toutes dimensions… holistique. À ton passage, tu peux faire fractionner des lois. C'est très grand comme possibilités.

Processus de guérison

On va dans le rein droit, on met des tiges de lumière dans les reins, du côté droit.

Au niveau du bassin, des choses ont été endommagées à travers les siècles dans l'ossature du bassin. En te programmant, on t'a enlevé ton identité. L'énergie ne circulait pas jusque-là, ça ne servait à rien, on ne voulait pas en avoir de ça, on voulait décider pour l'autre.

JE RÉINTÈGRE MON IDENTITÉ, MES PROPRES DÉCISIONS, L'ANCRAGE AVEC MOI-MÊME ! À mon identité ! Le seul et unique endroit où tu vas. Il n'y a pas de gêne, il n'y a pas de honte.

À PARTIR DE MAINTENANT, JE CHOISIS D'INTÉGRER MON CORPS DE LUMIÈRE DANS CE CORPS DE MATIÈRE, L'OUTIL POUR PARTAGER MON ÉNERGIE CHRISTIQUE, AUSSI POUR MATÉRIALISER TOUTE LA PUISSANCE DE POUVOIR QU'IL Y A EN MOI. Un petit joyau pour pouvoir redistribuer, partager, servir.

JE PRENDS LE DROIT ! LE DROIT À LA VÉRITÉ, LA LIBERTÉ.

Ça fait longtemps que Marie Anne a été programmée : des croyances qui prennent une bonne place dans cette zone du bassin, du bas du corps. Tout est libéré, transmuté, toutes les tonalités, on les reprend.

Fin de la transmission

À la fin, Marie-Claude m'éclaire sur ce que je vis avec ma fille, qu'elle connaît bien dans l'énergie, pour avoir fait des soins à distance pour elle. Elle me dit que je me suis donnée et que j'ai enlevé mon identité. Ma fille a un pouvoir sur moi. Elle me dit également que reprendre ma propre identité, c'est aussi lui redonner la sienne. Il y a une responsabilité qui vient avec cette identité-là. Reprendre mon pouvoir lui donne une grande opportunité de reprendre le sien. C'est comme si elle le diluait avec le mien. Ce que Marie-Claude entend, c'est que ma fille se sent responsable de moi dans l'énergétique.

Elle me dit :

« Qu'est-ce que tu es supposée faire depuis longtemps et que tu ne fais pas ? Elle vit ta frustration, elle en est imprégnée. Prenez votre indépendance, prenez votre liberté, en enlevant des programmes, on enlève les raisons de votre union… on risque d'avoir plus de facilité, sans se sentir coupable, ENLEVER LA CULPABILITÉ.

Prends ta voie, ça va la libérer. Vous avez seulement une fraction. Tu es retenue des kilomètres derrière. Ça fait quelque temps que ça aurait dû être fait. Tu as le choix de résister ou de passer à cette étape-là. C'est ta décision.

LIBERTÉ, VÉRITÉ, TRANSPARENCE. Tu vas réussir à passer à travers ça.

LA RAISON PREMIÈRE DE CE CHAOS, C'EST QUE TU NE TE CHOISIS PAS ! Ta fille prend la vague qui va avec. Oui ça va peut-être cogner, ça va peut-être faire mal, mais ton rôle, c'est de prendre ton identité et de prendre tes propres décisions : fais ce que tu as à faire, tu ne peux pas la sauver, si tu veux la sauver, c'est comme si tu voulais sauver le monde.

Nos enfants ne sont pas plus notre identité que d'autres enfants. Si tu es capable de laisser aller l'enfant du voisin prendre son autonomie et sa liberté, tu dois le faire pour ton enfant, TU DOIS ARRIVER À FAIRE LE DÉTACHEMENT AVEC ELLE POUR LUI REDONNER SA LIBERTÉ. Quand tu résistes, c'est la centrale nucléaire qui est en train d'éclater. Libère-la ! Au-delà de la libérer elle, c'est toi que tu dois libérer.

Ne change pas tes plans, déménage, l'énergie va aller ailleurs et avance ! Plus on est fort, plus il y a de puissance énergétique, plus ça se reflète dans l'environnement. Ça fait de grosses vagues. Il faut que ça bouge ! Mentalement, on me dit : *Là, il faut que ça passe, parce que la peau va t'arracher. Ferme tes deux yeux, puis avance. Allume tes yeux de lumière.*

Laisse-toi aller à l'abandon absolu en laissant l'énergie christique te parler et continuer de te parler dans toutes tes décisions, celles qui viennent de ton instinct. Si intuitivement en toi, ce n'est pas ton désir de déménager, il faut te demander : *Est-ce que c'est ça que je veux… malgré mes peurs.*

Ça aussi ça pourrait être… » Puis elle s'arrête et me dit : « Là on ouvre d'autres portes ! »

(*Rires.*) Je comprends ce qu'elle veut dire. J'ai un doute face à ce déménagement.

« Mais regarde, vas-y, chaque pas que tu vas faire, même si tu as peur. DERRIÈRE LA PLUS GRANDE DES ANGOISSES, IL Y A LA LIBERTÉ. Si ce n'était pas si important, tu ne résisterais pas. Quand ça résiste, *GO*, SAUTE ! »

Des larmes et des ailes

« On n'abandonne personne, on ne peut
que s'abandonner soi-même. »

Dernière semaine du mois d'août, je finalise le déménagement des boîtes et meubles des filles dans la nouvelle maison de leur père toujours en chantier. Elles apprennent la semaine précédant la rentrée scolaire que la maison ne sera pas prête, qu'il devra continuer de travailler à Québec durant deux mois et tenter de finaliser les travaux et qu'elles vivront chez des amis communs qu'elles connaissent, durant ce temps.

Ma Lune, qui était vagabonde tout l'été, ne s'est pas rendu compte des répercussions de tous ces changements. Je la laisse avec ses cartons emballés et son cœur en état de choc. Son regard est vide. J'essaie d'être encourageante, je l'écoute et je la rassure, je lui dis que je serai présente à distance et que je me déplacerai le plus souvent possible.

La voiture pleine du dernier chargement pour Bury, je prends la route ce soir-là, sous les éclairs dans la noirceur. Je me demande si j'y arriverai. Je laisse mes filles dans le chaos. J'ai mal, mais je dois partir, je meurs en moi. Leur père doit assumer aussi ses responsabilités et son engagement.

Deuxième étape

✦ Septembre 2020 à décembre 2021

Deuils, guidance, guérison

- vie à deux ;
- nouvelle région pour me soigner ;
- placement de mon Soleil au centre jeunesse ;
- dépression ;
- 60 000 kilomètres en voiture ;
- le chaos.

Bury – enterrer

J'arrive donc sur le chemin Crossbury[23], en peine forêt, dans ce petit village anglophone.

Les premiers jours, je me sens coupable d'être dans ce lieu de paix loin de mes responsabilités et de mes enfants. Coupable d'être bien alors que mes filles ne le sont pas. La famille me le renvoie bien : « Ça ne se fait pas de partir et d'abandonner ses filles. » Durant plus

23. Enterrer la croix.

d'un an, je me sentirai comme un arbre ballotté par le vent, secoué de toutes parts, agissant comme pivot entre toutes les parties concernées et tentant de garder mes racines en Terre.

Aujourd'hui je voudrais qu'on me berce
Me blottir dans un nid de feuilles mortes
Sentir sa chaleur
Entendre son cœur battre
Retrouver l'odeur de qui je suis
Le chant de mon sang
Couler comme l'eau des rivières
Vider le flot de larmes
Qui enserrent ma gorge
Crier ma douleur
Entendre l'écho de mon âme
À travers les arbres
Redevenir la Terre
Et danser ma vie

✦ 21 septembre 2020

J'éprouve une grande tristesse à la suite du déménagement et à l'idée du chaos dans lequel je laisse les filles. La communication est difficile.

Ce matin, je chante au tambour, très fort. Je sors le cahier dans lequel je retranscris les canalisations. Ça me dit de relire sur le feu.

Je ne le fais pas. Au tambour, je fais mon voyage chamanique. Je n'ai pas pu aller dans le monde d'en haut[24]. Je suis restée dans cet état de rêve, près de la rivière, auprès d'un feu. Une Grand-Mère se présente à mes côtés et les guides descendent vers moi (le dragon[25] et un être de lumière). Chose qui n'arrive jamais. Essentiellement, ça me dit de me reposer. Je me couche près du feu, ils sont là près de moi, à veiller, à m'entourer d'amour et de bienveillance.

De retour dans la réalité ordinaire, j'ai l'envie de me faire un feu. Je sors marcher au bord du petit lac qui se trouve sur le terrain. J'enlève le couvercle du chaudron enterré servant de réceptacle. Sans intention spécifique, j'allume mon feu.

L'après-midi, Marc-Antoine m'offre un soin. Nous vivons des hauts et des bas, nous sommes tous les deux fatigués.

24. Lors d'un voyage chamanique, il est courant de se rendre dans le monde d'en haut ou dans le monde d'en bas pour rencontrer nos alliés spirituels afin d'entrer dans un état de conscience élargi accentué par la vibration du tambour.
25. Le dragon est un allié spirituel qui m'accompagne et dont j'ai fait la connaissance lors de mon premier voyage chamanique en septembre 2018, lors d'un stage offert par Loumitea, femme-médecine.

L'éveil du dragon

« Être amour, compassion, pardon, éliminer les jugements. »

M.-A. D. : *Ça demande du temps pour (r)éveiller un dragon.*

(*Cette simple phrase est comme un baume.*)

M.-A. D. : *Les larmes empêchent le feu. Il faut réveiller le feu. Éveiller la fournaise. Alimenter la fournaise.*

L'éveil du dragon est la seule priorité.

M.-A. D. : *Il faut lui donner l'autorisation… Il est là, il attend pour vivre à travers toi.*

Oui, je t'autorise, dragon, à vivre à travers moi (je suis émue).

M.-A. D. : *Alors, dites : « À partir de maintenant, je m'autorise à être dragon, je m'autorise à devenir dragon, à partir de maintenant, je parlerai dragon, je chanterai dragon. »*

(*Je sens en moi une grande vibration autour de mon bassin.*)

M.-A. D.: *« Être amour, compassion, pardon et éliminer les jugements envers moi. Nourrir mon feu de brindilles d'amour, de compassion, de joie, de pardon... brûler mes jugements. Ce qui se rapporte à ma vie. »*

Le dragon, c'est la force tranquille. Le dragon n'est pas là pour défendre, se défendre, il est là pour incarner sa vie. Dans sa puissance et vérité. Il n'est pas victime.

LA MANIÈRE DE LE REMERCIER SERA VOTRE FIDÉLITÉ À VOTRE VIE.

Le lien entre le dragon et sa maîtresse est très fort. Et ce lien est un lien d'amour. Un grand lien. Il n'y a plus de distinction entre la chair de l'un et la chair de l'autre. L'union, l'unicité... compréhension et conscience d'être tous reliés. Devenir dragon, c'est comprendre le lien qui nous unit à tout. Être dragon, c'est avoir la vue perçante, comme l'aigle. C'est aussi la magie.

Prendre le temps. On ne réveille pas un dragon comme ça. Il ne faut pas ouvrir les ailes trop vite. Avant d'ouvrir les ailes, il faut sentir le mouvement. Le sentir en soi. Le mouvement des ailes, avant leur ouverture... la vibration intérieure, le frétillement. Ça part de l'intérieur et les ailes s'ouvrent ensuite naturellement. Ça demande du temps.

Veiller sur la flamme. Veiller sur son feu sacré, chaque jour. Être heureuse ! Nourrir son feu de joie.

Pour terminer, le dragon va travailler sur les gênes qui m'habitent. Le feu dans toutes les cellules, les veines. Le feu intérieur se loge dans toutes les parties de mon être.

J'ai reçu plusieurs signes du dragon cette semaine. À la boutique Les 3 fées de Lennoxville, la voiture blanche qui me dépasse sur la route, avec un autocollant stylisé de dragon, conduite par un homme aux cheveux de feu ! À la boutique ésotérique de Sherbrooke, le « sang de dragon[26] » ainsi que la figurine dragon m'interpellent.

La culpabilité de la mère

✦ 25 septembre 2020

Extrait de mon journal

Me voilà assise dans notre salon. Nouveau petit nid, écrin de douceur au cœur d'une forêt accueillante, douce et enveloppante. Je me repose de ces dix-sept dernières années. Des responsabilités, du contrôle, de la présence quotidienne auprès de mes filles. Je me retrouve. Tristesse, culpabilité, je vide mon corps et mon âme des effets de ce changement. Me choisir. Le faire pour moi, pour les filles, pour rétablir l'équilibre. Cela demande courage et foi. Hier, j'ai annulé la garde parentale sur le site Internet de l'Agence du revenu Canada. J'ai mis « fin aux soins de mes enfants ». Je passe le flambeau, je dois faire confiance au père, aux filles, à la vie, en mon chemin, en l'amour qui me relie à Marc-Antoine. Je suis ici avec lui pour prendre soin de moi et veiller sur mon feu intérieur.

Les larmes… quand je regarde les photos de mon Soleil, si souriante et enjouée il y a un an. Énergique. Ces moments où je regrette de ne

26. Nom d'un encens.

pas avoir passé plus de temps avec elle… les raisons de son repli, de sa souffrance vécue la dernière année.

« J'aurais dû… », « Si j'avais… » regardé les photos de son album à côté d'elle le soir de Noël comme elle me l'avait demandé, enthousiaste par le cadeau que je lui avais offert. Les photos et les souvenirs heureux de nos sept années ensemble, dans notre maison-sourire. Le seul moment où elle désirait que je sois près d'elle, que j'ai refusé… ne voulant pas laisser mon amoureux seul sur le divan et partager ces souvenirs en sa présence. Plonger dans cette bulle de souvenirs, de notre vie à trois qui ne le concernait pas. Comme je regrette.

Accueillir l'amour à mes côtés a chamboulé la relation entre elles et moi. Moins de temps pour moi, moins de temps avec elles, moins de folie, de spontanéité, je me suis retenue. Je suis passée par toutes sortes d'émotions, prise entre les peurs de l'amoureuse et celles de la mère. J'ai mis de côté les besoins de la femme que je suis, source d'un déséquilibre intérieur. Qui en a souffert ? Tous. Je dois prioriser les besoins de la femme.

Aujourd'hui, j'accueille cette expérience avec amour, pardon, compassion pour moi-même. J'essaie d'accepter ce qui est passé, ce qui est terminé et vivre au présent.

Je crois que ce que je vais décider d'être et de faire aujourd'hui pour mon bien va rétablir même les écueils du passé, venir mettre un baume, de la lumière et de l'amour sur ces expériences et les regrets qui m'habitent. Une réparation des blessures en moi et en ceux et celles concernés. Je choisis la joie. Je choisis de prendre soin de moi. Parce qu'en le faisant, je prends soin d'elles.

Je vous aime ma Lune et mon Soleil.

Je vis durant ce mois de transition beaucoup de tristesse alimentée par les regrets de la mère. « Ce que je n'ai pas fait » : comme la lessive souple et odorante, les serviettes de bain chaudes à la sortie de la sécheuse, parce que j'économisais énergie et argent et que ce n'était pas bon pour l'environnement. Ces repas au restaurant que je n'ai pas vécus avec les filles. Les petits plaisirs que je mettais de côté par manque. Cela me demande un effort pour voir toutes les belles choses que j'ai accomplies : les anniversaires, les surprises sur leur lit à leur retour d'école, nos soupers-cinéma au salon le vendredi soir. Les moments de joie. Je dois guérir les blessures de la mère et me libérer de la culpabilité. Ça demande du temps.

Accueillir l'amour

✦ 30 septembre 2020

Extrait de mon journal

L'amour que me porte Marc-Antoine est nouveau. J'apprends à accueillir cet amour. Au matin, il m'embrasse, me sourit, chante que je suis la plus belle femme du monde, me prépare jus d'orange et café, me couvre de douceurs et de baisers. Sa joie enfantine et ses folies quotidiennes me comblent.

On se retrouve ensemble après deux ans. Dans le silence, le calme, seuls, pour que notre amour s'éveille véritablement dans la paix. Il fait le pain, m'offre des soins, il écrit, il marche sa vie, bricole, répare, nourrit les oiseaux, cuisine avec amour, m'amène où je le souhaite à moto, m'offre la liberté d'être, me conduit à mes cours de tai-chi, m'achète des sushis, me couvre de mots d'amour chaque jour, m'enveloppe et prend soin de moi. Il est heureux.

« Ma peau, chaude comme un pamplemousse qu'on vient de cueillir » sont des douceurs quotidiennes, chaque fois nouvelles. Marc-Antoine est un ange à mes côtés, une bénédiction, un amour doux, solide, qui m'aide à prendre racine et à briller de ma lumière.

Je suis son Fleuve aux yeux bleus et il m'invite à ne pas oublier ma liberté dans notre couple. L'importance de me sentir libre et de me respecter. Nous avons nos différences. Il y a parfois des conflits, de l'incompréhension. Sa curiosité intellectuelle et la quête d'érudition, son besoin d'écouter la radio et moi d'entendre le silence, nos différends sur certaines choses, nos personnalités, font que j'éprouve parfois des inconforts. Cela fait partie d'une vie à deux.

J'ai voulu tout ça. J'avais besoin de tout ça. Un amoureux, un lieu de paix, de calme et de silence, entouré de nature, de forêt, d'un plan d'eau et d'intimité pour me ressourcer.

J'avais besoin de quitter le lieu où j'ai habité pendant trente ans pour me déployer, avoir du recul et repartir à neuf. Être anonyme à l'épicerie, dans la rue, me fait un bien immense. Je ressens une grande liberté intérieure. Retrouver la spontanéité, la curiosité et l'émerveillement de l'enfant dans une nouvelle région me réjouit. Je vis plein de « première fois ».

« Être et accueillir. »

Méditation avec Marc-Antoine au matin avant de partir pour le Petit Salon du livre de Sutton. Je lui fais une demande toute simple ; si des messages viennent à lui, les partager avec moi. Je souhaite me connecter à l'invisible et à mon guide intérieur.

Les guides se présentent rapidement.

M.-A. D.: *On nous demande d'aller dans notre bassin. De prendre tout de nous à partir du bassin, comme avec une cuiller qui ramasse tout notre corps, nos corps, nos dons et de nous soulever au niveau du cœur. Comme un creuset vide. D'être ce creuset vide.*

On nous demande de visualiser tout autour de nous, formant un grand cercle, nos relations : enfants, parents, guides… où chacun porte ce creuset vide qui est supporté par la main de Dieu. C'est Dieu qui agit en nous, rien n'est de nous. C'est Dieu qui agit à chaque instant.
Ce qui est passé, Dieu a déjà agi. Ce qui est de nous, ce sont seulement nos inquiétudes et nos désirs.

Notre seul devoir dans notre vie est de travailler à polir ce creuset, Dieu travaille à polir ce creuset pour accueillir et éveiller nos dons. Notre mission est de nous tenir debout. D'être cet instrument de Dieu afin d'incarner l'amour, la paix, la vie.

(*J'ai la gorge nouée.*)

Comment je peux éveiller ma vision spirituelle. Comment ?

Un guide, maître ascensionné, me répond en disant :

M.-A. D.: *Ne pas chercher par un geste volontaire. NE PAS DÉSIRER. Vraiment, être seulement ce creuset vide, ce canal, cet instrument de Dieu. Ne pas « chercher à… » Seulement ÊTRE dans l'accueil, la réception. Ne pas chercher, tout nous est donné quand on est ce creuset vide. Le but de la vie est de donner… donner tout de nous, nos paroles, même nos vêtements, nos gestes… agir comme le chien avec son maître.*

LA FOI, ne pas seulement y croire. Mais LA VIVRE.

Ça me disait que je ne l'incarnais pas, la foi. Même si j'ai la foi, j'ai des inquiétudes. Incarner la foi. La VIVRE. Tout est parfait. Dieu agit.

✦ 19 novembre 2020

Aujourd'hui, je vis la journée la plus difficile de ma vie. Le placement de mon Soleil au centre de réadaptation jeunesse. Ce que j'ai toujours craint par appréhension et par peur pour elle. J'abdique et je reconnais que là se trouve sans doute pour nous tous le soutien recherché, une occasion pour elle de se retrouver, de calmer la crise et d'entrevoir un changement dans la situation. Je prie les anges, mes guides d'être avec moi et ma fille.

De retour depuis seulement une semaine auprès des filles, leur père m'appelle et m'informe qu'on doit envisager le placement rapidement. Je fais les démarches et prends la route par cette journée de novembre. Je gère les communications avec les intervenants, le père de mes filles, la famille à distance.

Mon Soleil, qui ne s'y attend pas, vit le choc de sa vie. En détresse, en larmes, entourée de sept « gardes du corps » masqués, vêtus de blanc, à l'hôpital pour sa sécurité. Nous suivons ce cortège jusqu'au véhicule qui la conduira au centre jeunesse. Je pleure, son père aussi… c'est une épreuve. Elle sera coupée de son monde, de ses amis, de ses repères.

À partir de ce moment, je laisse aller tout contrôle. Je n'en ai plus. Je remets ses bagages à l'intervenant, très empathique et accueillant, de l'unité 2 du centre jeunesse qui se trouve sur place. Ma première impression est bonne. Ils feront tout pour s'assurer de son bien-être.

Pendant sept mois, je ne saurai pas ce que fait mon Soleil de ses journées, ce qu'elle mange, où elle dort, comment elle se sent… J'aurai des nouvelles seulement par des échanges hebdomadaires avec son éducatrice et un appel de quelques minutes avec elle.

Je reviens en fin de soirée à Bury. Tout au long
de cette journée, malgré la tristesse, la charge émotive,
je me suis sentie habitée d'une étonnante stabilité
intérieure qui me permettait d'être présente,
solide, et de diriger les actions dans le calme.

✦ 20 novembre 2020

De la lumière pour mon Soleil

Lendemain du placement au centre de réadaptation jeunesse. J'informe Marie-Claude avant la séance de ce changement soudain, le soin pour ma fille était prévu depuis quelques semaines.

Je reçois l'enregistrement audio de la séance :

M.-C. D.: *Humm. OK...* Oh boy.

On pagaie, on pagaie ce matin. On ne sait pas si on nage dans le bon sens du courant.

On vient déposer une lumière blanche et bleue sur le lieu autour de toi, le lieu où tu te trouves habituellement. La lumière est collée sur toi, comme si tout le reste autour de toi était vide. Comme si tu ramenais tout à toi, comme une couverture pour te sentir en sécurité. Pour plus de contrôle, de compréhension de la situation.

Les reins sont accotés, ouf ! C'est comme si on avait la pédale dans le fond[27], on n'a pas de contrôle dans l'expérience actuelle. Les reins prennent la charge de cette adrénaline.

On va descendre, mettre une lumière jaune et blanche au plexus solaire. Il y a beaucoup d'espoir dans ton énergie. La matière est sous compression : anxiété. La connexion, l'éveil, sont présents dans l'énergie, mais dissociés du corps. Tu es en paix avec l'esprit, mais pas en paix avec l'expérience de vie terrestre. Comme si ça n'avait pas de valeur.

Il y a un début de prise de conscience de l'influence entre le divin et le corps. Tu te dis : « Ouin, j'ai chiffonné[28] le papier, mais je n'aurais peut-être pas dû. »

Troisième œil, la lumière indigo est très présente, tu dis : « C'est comme si on voulait me faire souffrir. Le fait de m'ancrer dans la

27. Pédale de l'accélérateur d'une voiture.
28. Froissé.

réalité, dans mon corps. ». Tu as l'impression que ton entourage voudrait que tu souffres. À ton esprit libre, c'est comme si on lui disait NON. Tu dis : « Je veux rester libre dans l'esprit et faire ce que je veux. L'adulte voudrait que je reste dans un carcan et que je souffre. »

On dénoue des programmes. Le but : aligner l'expérience terrestre et divine ensemble.

Toi, tu n'as pas peur de quitter ce monde. Tu ne vois pas ce monde terrestre comme une réalité. Ça te fait poser des questions, une prise de conscience. Comment tu peux utiliser cette expérience de vie terrestre pour ton essor. Tu as le droit de te libérer de tes programmes ancestraux ; maternels, paternels et autres expériences d'avant.

On demande une libération immédiate et un retour à l'énergie divine de Dieu. Les muscles de la colonne vertébrale se relâchent pour aider le système digestif.

L'Esprit en toi, tu pourrais l'intégrer pour te servir toi. Le bleu indigo (3e œil) revient souvent. Comment utiliser tes souvenirs divins d'origine et déposer cette information dans la matière afin que tu puisses l'utiliser, ici et maintenant ? Tu as toujours la peur d'être prise au piège. Tu résistes. « Est-ce que je fais confiance ?... »

Comment laisser ton identité divine vivre en toi et à travers toi ? Tu peux vraiment bien créer un partenariat d'expérience entre tes deux identités. Comment arriver à interagir de façon harmonieuse avec toi ? Le pouvoir est en toi, celui de reconnaître qui tu ES.

L'énergie dans le ventre est très sombre, noire : on libère immédiatement. C'est difficile de voir clair à travers un système digestif aussi sombre. On vient illuminer les intestins pour éveiller tes instincts. Drainer toutes les identités qui ne devraient pas être en toi et les remplacer par une lumière gris argenté, très pétillante, on vient teinter les intestins de cette lumière, les reins...

On met des mains de lumière sur le bassin. Très chargé, pour laisser sortir par la gauche (valve). On vient déposer les mains sur le ventre.
« Je m'accueille dans qui je suis, dans ma divinité.
J'accepte de m'intégrer dans ma lumière. »

La rate et le pancréas : IL Y A UNE COLÈRE ! On ne sait pas comment la gérer. Des mains de lumière viennent stabiliser toutes les émotions, venant de toi, des ancêtres et d'autres vies.

On demande libération pour :

- toutes les fois où tu ne te sens pas à la hauteur : LIBÉRATION ;
- toutes les fois où tu te dis, peu importe ce que je fais, ça ne change rien : LIBÉRATION ;
- toutes les fois où tu trouves que le temps est une éternité et que tu sens que tu ne retrouveras jamais la liberté : LIBÉRATION ;
- toutes les fois où tu te sens épuisée et que tu ne veux plus réfléchir : LIBÉRATION.

On laisse descendre les fluides de ton foie, de ta vésicule, de ta rate, de ton pancréas, descendre jusqu'à l'intérieur du duodénum, jusqu'à élimination complète de ces émotions.

À PARTIR DE MAINTENANT, J'ACCEPTE DE VOIR QUI JE SUIS DANS MA LUMIÈRE ET DE PRENDRE MA RESPONSABILITÉ DIVINE.

Ouf, c'est plus doux.

On vient mettre une boucle de lumière sur la porte de ta maison. La maison, c'est toi. On t'invite à retourner à l'intérieur de ta maison. D'observer ce qui est possible. Tout revient à toi. D'accueillir ton intuition, d'accueillir tes dons.

On avait des entités dans ton intestin. Ce n'était pas une influence extérieure. Il n'y avait plus de différence entre eux et toi. Ils sont sortis. Dès qu'il y a reconnaissance, ils n'ont plus d'emprise. Il n'y aura pas de souvenir, tu ne porteras plus la charge des ancêtres, des vies passées et des blessures de tes parents et grands-parents.

Accueillir.
Maintenant : faire des choix à partir de toi.

Tu regardes ton corps et tu te demandes : qu'est-ce que je vais faire de tout ça ? Toute cette ampleur, liberté. Non pas la liberté pour se sauver et prendre les jambes à son cou, mais accueillir tout cet espace… les capacités, les connaissances divines, les dons, les cadeaux en toi.

Tu as la capacité de défendre des causes qui te tiennent à cœur, des objectifs de création pour servir ton prochain dans une grande lumière.

Tout le reste, ce sont des boulets. Tu as le choix et le droit d'y renoncer.

Là, c'est beaucoup plus libre, plus lumineux.

Comment, au meilleur de tes capacités, veux-tu expérimenter cette vie ?

Sans aucune tache ni ombre, dans ta lumière.

Cette vibration va se poursuivre dans les prochains jours. Dans une lumière pure, nettoyée. Cela peut même avoir un impact sur ton corps, la qualité de ta peau. On va rester dans cette vibration, une belle lumière toute ronde autour de toi, bassin, tronc… « Je peux me déposer en douceur… sans tension. »

Bienvenue à ta reconnexion, dans ton expérience terrestre. Et que les jours, les semaines à venir, soient teintés de cette transparence en toi.

Bon week-end, bonne continuité.

Au plaisir de te revoir.

✦

J'appelle Marie-Claude pour la remercier. Je sens sa fatigue dans la voix. Elle me dit : « Comment ça va ?… C'est intense… »

Elle voyait qu'il n'y a pas de bon ou de mal, mais que ma fille était obligée de répondre aux exigences de l'entourage. D'une certaine manière, elle va retrouver son identité là-bas. C'était une bonne décision. On voit qu'elle veut commencer à réfléchir pour elle-même. Elle me demande si cette décision est venue d'elle. Je lui dis que non. Elle me dit que dans son énergie, c'est comme un soulagement pour elle aussi. Elle sentait qu'une partie d'elle était soulagée.

Cette transmission est un baume pour mon cœur de mère. Ces informations, je les partage seulement avec Marc-Antoine. C'est ma façon d'accompagner mon enfant.

✦ 20 novembre 2020

Marc-Antoine et moi discutons avant le souper. Il me dit que cette journée d'hier m'a montré mes forces. Quand je suis dans mon centre, ma puissance, mon essence, mon Tan Tien[29], c'est un accomplissement global, une réalisation à 360 degrés.

Il se questionne sur ce qu'il vient apprendre dans cette expérience que je vis avec ma fille et qu'il vit aussi, quel est son rôle. Je lui dis que tout son apport et les transmissions m'aident à cheminer en confiance, à faire face à tout ça avec une meilleure compréhension. Puis une transmission vient à lui spontanément alors que nous discutons.

M.-A. D.: On me dit que tu canalises, toi aussi...

29. Centre énergétique situé au niveau du ventre. Je suis des cours de tai-chi au Studio Mouvance à Sherbrooke durant cette période et je vois l'effet bénéfique que procure l'activation du Tan Tien sur ma présence, mon bien-être, ma force intérieure.

La perspective de l'étoile

« Libérer sa vie et l'honorer à chaque instant. »

Marc-Antoine me décrit le guide qui parle à travers lui : un Amérindien aux longs cheveux noirs, au teint foncé, une fourrure au niveau des reins et de grandes mains tenant dans l'une d'elles des os de petits animaux (poulet, lemming).

M.-A. D.: *Ce qui est grand ou petit n'a pas d'importance.*
C'est important de suivre ta voie.
Il dit que tu n'as aucune idée de qui il est.
Il te permet de voir au-dessus de l'aigle.
Tu es rendue à un autre niveau.

Est-ce que c'est Aigle noir ?

M.-A. D.: *Non. Aigle noir est son protégé. Tu ne le connais pas.*
Aigle noir est en train d'apprendre.
Ce n'est pas Aigle noir qui parle à travers toi.
C'est toi qui parles à travers toi, pas Aigle noir.

Quel est le rôle d'Aigle noir ?

M.-A. D. : *Aigle noir maintient le canal ouvert.*

Quelle relation dois-je avoir avec Aigle noir ?

M.-A. D. : *La relation que tu dois avoir avec toi.*

Est-ce qu'on s'est connus dans d'autres vies ?

M.-A. D. : *Il dit qu'il vivait au sud des États-Unis, mais qu'il n'est pas Aigle noir.*

Est-ce important pour moi d'aller au sud des États-Unis ?

M.-A. D. : *Ce n'est pas important d'aller au sud des États-Unis.*
Mais ce qui est là-bas est important pour toi.

On s'est déjà rencontrés ?

M.-A. D. : *Il dit qu'il n'a pas de nom.*
Tu le connais et c'est à toi de la savoir.
Ce n'était pas ton père ou un enseignant dans une autre vie. Ce n'est pas dans des schèmes relationnels.

Que m'apporte-t-il ?

M.-A. D. : *De l'amour. Il t'invite à continuer à apprendre à voler plus haut que l'aigle. À ouvrir tes horizons à ce que tu crois encore impossible. Marc-Antoine me dit qu'il y a une vieille femme qui vient également me dire de prendre soin de panser tes plaies avec des grandes languettes de tissu blanc, en cataplasme où je sens le besoin.*

M.-A. D.: *C'est important d'accorder à sa vie le temps de se soigner. C'est une très grande sagesse que de s'accompagner.*

Qu'est-ce que mon expérience vient apprendre à Marc-Antoine pour sa vie ?

(Pas de réponse.)

Ce qu'il vient m'apporter dans ma vie ?

(Pas de réponse.)

M.-A. D.: *On me dit que tu as suffisamment d'information pour répondre à ça par toi-même. Ils ne sont pas là pour tracer ton chemin, seulement pour honorer et constater tes avancées.*

Quel esprit animal peut m'aider en ce moment ?

M.-A. D.: *On me dit de préciser la demande.*

Quel esprit ou médecine peut m'aider à éveiller ma spiritualité ?

M.-A. D.: *Le saumon mâle pour travailler ton avancée sur ton chemin spirituel. Les poissons ne pleurent pas, ils n'ont pas de larmes. Ils ont une détermination. Les larmes, c'est le milieu dans lequel ils vivent, mais eux n'en ont pas. Le chemin d'un saumon, c'est comme la tresse d'un Indien. Le mouvement d'un déplacement. Un symbole: une tresse = attachement au cœur. Tu comprends ce que ça veut dire.*

Est-ce que ma fille est bien en ce moment ?

M.-A. D. : *Ce que tu ressens, tu dois t'y fier. Jusqu'à nouvel ordre, tu n'auras pas d'autres indicateurs que ça. Ils se concertent tous pour ne plus répondre, pour consolider la confiance en toi. Jusqu'aux outils que tu utilises : dés, cartes... Tu dois te faire confiance. Les outils vont t'être utiles pour des questions se rapportant à toi.*

Quand on vole au-dessus de l'aigle, on accepte d'être un peu moins humain et moins préoccupé de l'humain et de commencer à collaborer vraiment avec les guides. Tu participes à l'évolution d'une spiritualité globale. Ta propre vie se dilue dans l'immensité d'une grande vie. Voler au-dessus de soi exige de se détacher d'une partie reliée à la Terre. Le niveau du regard de l'aigle crée des transformations physiques dans les communautés, chez les individus. Mais le niveau du regard au-dessus de l'aigle fait des transformations au niveau psychique au niveau humain et non humain, dans les mondes. Il est temps de considérer l'ensemble dans ta perspective pour intégrer le vol. Les mondes ne sont pas parallèles, ils sont concomitants. Ton travail est de relier ces mondes. Il ne faut se concentrer seulement sur une personne, mais sur des villes et des pays entiers. Des races entières.

Cessez de vouloir travailler comme les fourmis. On vous a donné des ailes, pas pour travailler comme des fourmis.

En fin de compte, c'est comme l'étoile[30].

M.-A. D. : *L'étoile est une assez bonne approximation du niveau de perspective que vous avez de la Terre. Vous n'êtes pas un aigle, vous*

30. Deux semaines auparavant, lors d'un atelier en groupe, l'étoile s'était manifestée à moi lors d'un voyage chamanique comme étant le symbole de mon essence.

êtes une étoile et votre influence est sur l'ensemble des astres que vous côtoyez. Méfiez-vous de votre ego.

Tout est dans la présence et la conscience ?

M.-A. D.: *Comment rendre une étoile heureuse ? C'est un devoir qu'il vous est suggéré d'écrire. Comment rendre une étoile heureuse ? Laissez-vous écrire « Comment rendre une étoile heureuse » avec un stylo rose. Vous trouverez vous-même vos réponses.*

J'avais un projet d'écriture en cours, Guérir avec l'aigle, *est-ce que je dois toujours m'y consacrer ?*

M.-A. D.: *Guérir avec l'aigle. C'est une piste, mais peut-être que c'est une première marche pour vous autoriser à vivre comme une étoile.*

Votre Marc-Antoine est fatigué. Nous allons disposer. Merci pour tout. Nous nous reverrons. Nous vous aimons infiniment. Bien au-delà de votre compréhension.

Je suis en paix, merci.

Marc-Antoine va s'allonger sur le divan. Tout au long de la transmission, il se tenait à table, puis debout accoté au comptoir de la cuisine.

M.-A. D.: *Ils me disent de ne pas t'inquiéter, qu'ils vont prendre soin de moi, de ma fatigue.*

Il faut que tu lâches L'IDÉE DE TOI. *Que tu as quelque chose à faire dans le monde. Cette perspective de l'étoile... ce n'est pas pour l'ego.*

Écrire avec un stylo rose ce que voit une étoile. La perspective d'une étoile. Prendre ton temps pour écrire quelque chose de libre et me le lire à haute voix. Ils vont être là. Ne t'arrête pas à écrire quelque chose de logique. Ça n'a surtout pas besoin d'être logique. Il est temps que tu te laisses aller et que tu oses faire des choses que tu ne t'autorises pas à faire.

(Je ris.) *Ils doivent me trouver « bouchée »*[31] *! C'est souvent le même discours.*

M.-A. D.: *Ils te parlent comme ça, parce que c'est ce que tu as besoin d'entendre.*

Me conseillent-ils un lieu d'écriture ?

M.-A. D.: *Quand tu seras sur ton étoile.*

Marc-Antoine rit.

M.-A. D.: *Ils sont malcommodes*[32] *! Tout est illusion.*

M.-A. D.: *Comment faire briller ou connecter encore plus avec ton étoile ? Fais tes devoirs ; écris sans logique. Ça peut être dans plusieurs langues, dans une langue inventée. Écris avec un stylo rose et quand tu seras satisfaite, tu la liras à haute voix et tu écouteras ce que tu dis.*

Ils disent qu'ils t'aiment encore plus que moi.

Merci.

31. Expression québécoise qui signifie « comprendre lentement ».
32. Expression québécoise synonyme de « taquins ».

M.-A. D.: *Ils me disent que je ne sais pas encore comment aimer plus... et que je vais l'apprendre.*

Marc-Antoine va au lit, épuisé. Il s'apprête à s'endormir et ça recommence: «Ils ne me lâchent pas...»

M.-A. D.: *On me dit de te dire:*

Les quatre directions[33] *sont pour une compréhension humaine des dimensions de l'humain. La tortue, l'aigle, l'ours, le bison. Mais qu'il ne faut pas les séparer. La vision au-dessus de l'aigle, c'est une seule posture: les voir ensemble. Ne plus les voir séparées comme des tranches, ça c'est pour les petits. Une seule perspective.*

Je comprends, je suis reconnaissante et me couche auprès de mon amour.

M.-A. D.: *Ça exige une confiance absolue, qui appelle la foi.*

Je peux me laisser aller à cette confiance-là... ?

M.-A. D.: *C'est toi qui décides.*

Je me questionne dans les soins que j'ai à offrir. Oui, il y a à libérer la parole, mais je souhaite aussi apporter un accompagnement... (On me coupe la parole.)

---

33. Les quatre directions de la Roue de médecine.

M.-A. D. : *C'est illusion, illusion, illusion...*

Je souhaite vraiment être un canal pour laisser agir et être, mais il y a une responsabilité envers les gens aussi... (Servir.)

M.-A. D. : *Illusion, illusion.*

L'expérience de votre journée d'hier est une prémisse, un exemple, d'une première étape de votre capacité d'interaction avec le monde. Ce ne sont pas les livres, pas les oracles, ce ne sont pas les accompagnements, c'est votre propre capacité à libérer votre propre vie. Là seule est votre responsabilité. Rien, rien, rien d'autre. Votre vie vous appartient. Votre destin vous appartient. Méfiez-vous de votre ego.

Hum...

M.-A. D. : *Chacun de vos gestes peut être accompagné de la main de Dieu. Chacune de vos pensées, vos intentions, peut être un embâcle sous votre ego, peut être empêchée : avoir le désir d'apparaître, de réussir, le désir de vaincre. Tout ça n'est pas la volonté du Très Grand.*

Mais ça passe quand même dans l'acte ?

M.-A. D. : *Soyez heureuse.*

Mais il faut bien être et faire ?

M.-A. D. : *Cela aussi est illusion.*

(Rires.) *Mais quelle est la réalité en fait ? Quelle est la voie ?*

M.-A. D.: *D'ouvrir vos mains, d'ouvrir votre cœur pour* VOUS ACCUEILLIR VOUS, AVEC TOUT DE VOUS. *Vous accueillir dans vos ombres, dans vos bonheurs, dans vos faiblesses, accueillir la vie et d'honorer à chaque instant cette vie qui vous traverse.*

Et puis la vie nous donne, on reçoit... ?

M.-A. D.: *Sortez des concepts. Sortez des «pourquoi», des «comment». Aimez-vous.*

OK, d'accord (je respire profondément). *En fait, on offre aux autres, en s'offrant à soi-même.*

M.-A. D.: *On me dit de méditer cette parole et qu'on va revenir. On va se revoir.*

Les jets de lumière partent de votre cœur, dans toutes les sphères, dans toutes les directions d'une sphère.

M.-A. D.: *Ils me disent d'apprécier cela.*

Merci.

✦ 21 novembre 2020

On s'affaire le matin, routine du samedi, crêpes, ménage, Marc-Antoine nourrit les oiseaux et je sens le besoin d'aller dehors. Tranquille.

Marc-Antoine me demande quel est mon programme pour les deux prochaines heures. Il me dit qu'il pense que notre conversation d'hier n'est pas terminée. Il me demande de m'habiller chaudement car on part pour deux heures.

Je me laisse porter comme d'habitude dans l'inconnu et en confiance. Je suis très surprise.

On prend sa voiture… Je lui demande s'il sait où l'on va. Il me répond que oui, que ce n'est pas très loin. En silence, je lui prends la main. On passe le viaduc au-dessus de la rivière au Saumon (là, je comprends), on se rend à Gould et au Pont de bois. Au pont couvert.

Nous sommes seuls, une belle journée douce, nuageuse, on s'assoit côte à côte près de la rivière selon les indications de Marc-Antoine. Un rayon de soleil nous réchauffe dès l'instant où il canalise. Le soleil est présent tout au long de la transmission.

La perspective du saumon

« Faire corps avec son environnement. »

M.-A. D. : *On est revenus pour libérer le saumon. Alors on va se mettre tranquillement à l'écoute de notre saumon. Entendre les vibrations de l'eau. On va sentir notre environnement. Par notre peau. Nos yeux.*

On accepte de vivre dans un habitat qu'on ne peut transformer. On n'a pas de bras, on n'a pas de jambes, on n'a pas les capacités de transformer notre environnement mais seulement de nous y adapter. Pour chercher les lieux sécurisants, nourriciers. On n'a pas besoin de transformer quoi que ce soit pour être heureux. L'eau de la vie nous apporte ce dont on a besoin.

Comme le saumon, même quand on dort, on a les yeux ouverts. On est ouverts à notre vie. À notre inconscient. Je laisse le bruit de la rivière pénétrer mon corps. Laver mon intérieur. Délier mes tensions. L'eau s'infiltre entre chacune de mes cellules. Humectant ce qui est desséché de moi. Emportant au loin ce qui est mort. Nourrissant ce qui est vivant.

Je laisse venir à moi un son, un nom... le nom de mon saumon à moi.

(*Je laisse monter en moi un son, un nom*) : *Iiiii... ya-ni-na.*

M.-A. D.: *Le nom de baptême de mon saumon, que je vais ritualiser, m'approprier, laisser croître.*

On m'invite à retenir ce nom, à le répéter silencieusement en moi. À l'ajuster, au plus près de soi.

Quand vous serez prêts, je vous invite à vous déchausser et aller dans l'eau pour nourrir votre saumon.

Fin de la transmission

Je trempe mes pieds dans l'eau, elle est glaciale ! Je mouille mes mollets, mon visage.

M.-A. D. : *Parle-moi de ton saumon.*

Ya-ni-na ! Iiiiii-ya-ni-na !

M.-A. D. : *Qu'est-ce qu'il t'a dit ce matin ?*

Qu'on baigne dans cette mer, de lumière, d'amour et qu'on s'adapte. En s'offrant la sécurité, ce dont on a besoin, se laisser mouvoir dans cet océan d'amour, faire un avec l'environnement. S'adapter.

M.-A. D. : *Qu'est-ce qui doit s'adapter ?*

(*Je ne comprends pas sa question.*)

Tu dis qu'il faut s'adapter à son environnement. Mais le corps du saumon est déjà adapté à son environnement. C'est quoi qui doit s'adapter à l'amour, dans l'océan d'amour ?

Hum...

M.-A. D. : *Répète le nom.*

Yanina.

M.-A. D.: *Quel est ton pacte avec lui ?*

Me ramener dans cette sensation de faire un, de faire corps, d'être toujours conscient, de ne pas se laisser submerger par ce qui nous entoure, mais de…

M.-A. D.: *D'y pénétrer…*

Oui.

M.-A. D.: *Moi, ce que me dit mon saumon, c'est qu'il est possible d'avoir la perspective d'une étoile, sans perdre la perspective d'un saumon. Tout cela existe. Et que c'est parce que je suis en lien avec mon environnement, au cœur même de mon environnement, que j'ai la possibilité d'avoir un regard agrandi sur le monde. Ce n'est pas l'un ou l'autre, c'est l'un et l'autre… c'est au cœur de l'infiniment petit que l'immensité se donne.*

Oui, et j'avais les images de plein d'animaux dans leur environnement, ils ont leur perspective du monde, mais ils vivent en accord et en symbiose avec cette perspective-là, ils s'adaptent (fourmi, chevreuil…). Il peut y avoir de multiples perspectives du monde et qu'en fait le saumon me ramène à ce bassin d'amour là. Comment il s'appelle ton saumon ?

M.-A. D.: *Torrent sauvage.*

Torrent sauvage !!? Wow… (Rires.)
Merci. Le soleil est sorti pour nous.

M.-A. D. : *Je suis content, parce que je savais qu'il fallait que je vienne ici aujourd'hui. C'était clair ce matin, très clair, je ne savais pas trop ce qu'on ferait, mais je voulais seulement écouter la rivière.*

C'est extraordinaire. Le Pont de bois, la rivière au Saumon, la vie est parfaite.
En tout cas, tu n'as pas à chercher ta mission toi, tu es en plein dedans !

M.-A. D. : *C'était quoi déjà le nom de ton saumon ?*

Ya ni na... Iiii... Ya ni na.

M.-A. D. : *Est-ce que ça a une signification ?*

Non... C'est venu comme ça.

Précision de Marc-Antoine

Voler au-dessus de l'aigle, ça ne veut pas dire voler plus haut. L'étoile, elle n'est pas spectatrice, pas au-dessus. C'est en dedans, englobant, en profondeur. Un peu comme le saumon.

Mise en contexte

Au centre jeunesse, on nous fait signer un contrat, notre fille doit sortir toutes les fins de semaine dans son milieu. Une fin de semaine avec moi et une avec son père afin de mettre en pratique des règles et maintenir la relation. Je me déplace de Bury à Québec, où mes parents m'offrent un appartement lors de ces déplacements. Je récupère mes filles dans le stationnement du centre jeunesse de Lévis, on se retrouve en pleine pandémie, sans qu'elles puissent avoir de contact avec leurs amis ailleurs que chez elles. Ce chez-elles qui n'existe plus. On se retrouve dans un lieu qui n'est pas le nôtre, en plus des défis relationnels que nous vivons toutes les trois, la situation est difficile. Je parcours durant ces mois environ soixante mille kilomètres en voiture, aller-retour entre Québec et les Cantons-de-l'Est. Je transporte mon sac de couchage, l'épicerie pour la fin de semaine, le stress et les appréhensions. Les jours où je me trouve à Bury sont souvent marqués par des textos de détresse et le stress. Nous avons peu de moments de répit. Le temps que je reprenne des forces, je dois repartir au front avec l'impression d'aller me jeter dans la gueule du loup. Chaque fois, cela me donne l'occasion de mettre en application les enseignements des guides, de les intégrer face à l'adversité. C'est un long chemin.

✦ 3 décembre 2020

Nous sommes un vendredi soir. La fin de semaine dernière, je faisais une première sortie avec les filles au centre d'achats depuis le placement. Quelques heures de liberté pour ma fille et moi, heureuse de la retrouver. Ça se passe bien, un peu comme si on la sortait de prison et qu'elle avait trois heures de liberté ! Une certaine euphorie, la joie pour elle d'avoir un moment, puis je n'ai pas eu de nouvelles de la semaine.

En soirée, je reçois un appel. Je ne fais qu'entendre les larmes, les cris et le désespoir de ma fille en voiture sur l'autoroute. En crise, elle vient d'apprendre qu'elle ne pourra pas voir ses amis à cause de la pandémie et des règles du centre. Ils nous ont informés que si ce n'était pas respecté, elle devrait y retourner aussitôt. C'est sa première sortie dans son village, pour revoir ses amis. Je comprends sa détresse. Elle brise le pare-brise de l'auto sous l'effet du choc de la nouvelle et de la colère. La panique. Finalement, son père décide de la conduire chez son amie malgré les règles strictes qui interdisent tout contact avec la famille, les amis, dans ce contexte fou de pandémie. Marc-Antoine et moi sommes secoués. Il est saturé de toutes ces situations. Je suis totalement impuissante. On ne peut avoir de répit. Nos soirées de repos ensemble sont peu nombreuses. Cette situation prend beaucoup de place et nous sommes fatigués. Je tente de garder mon calme.

Il me propose un soin malgré la fatigue.

Ma peur de l'autorité est présente tout au long du placement au centre jeunesse ainsi que ma peur d'être jugée comme mère. Ce qui me fait hésiter entre ce que mon cœur me dicte de faire pour le bien-être de ma fille et les règles à respecter. Je pense faire pour son bien en maintenant ces règles, mais je vois bien que ça ne fait qu'empirer les choses et notre relation. Elle ne comprend pas. Elle m'en veut et croit que je m'acharne à vouloir son malheur.

Le souffle de vie

« Du don de soi au don à soi. »

On me dit de me respecter.

Le soin s'effectue dans le haut du corps.

Ça parle du ciel étoilé, dans la nuit, les étoiles brillent.

Les guides sont là, des mains de lumière agissent, guérissent. Ils me parlent du souffle de vie, m'invitent à respirer profondément comme un nouveau-né une énergie lumineuse belle et pure et d'expirer tous les gaz, ceux qui ne me servent plus. D'utiliser le souffle, qu'avec le souffle on rejoint notre jardin intérieur. Ce centre qui est en nous, qui porte le germe, un jardin protégé, qui est inviolable, inatteignable, où même Dieu doit demander la permission pour entrer. Un beau jardin à l'intérieur de soi, florissant.

On m'invite à y retourner souvent pour m'y ressourcer afin que chaque jour je vibre dans ce respect de moi, avec la confiance.

On me parle de cette parabole de Jésus : Marthe et Marie de Béthanie chez Lazare[34]*.*

Dans cette histoire, il y a Marthe qui s'affaire à la maison, se donnant du souci et s'agitant pour servir Jésus et les invités, puis il y a sa sœur Marie assise, écoutant les paroles et les enseignements du maître. On me dit que pour Jésus, celle qu'il préfère, c'est Marie et qu'en moi vivent les deux. On me demande de choisir laquelle faire vivre. Il n'y a pas de mauvais choix, mais je dois faire vivre la Marie en moi.

34. Évangile selon saint Luc, 10, 38-42.

Je suis confrontée, en voulant bien agir, à faire le lien entre toutes les personnes concernées, à contrôler, à protéger, que tout le monde respecte les ententes, je me sens harassée par toutes ces responsabilités accablantes. Je demande avec tristesse :

Je ne sais pas comment réagir, je ne sais plus comment intervenir, je ne sais pas ce qui est bien.

On me dit que vouloir aider, c'est de l'ego, c'est l'ego qui veut contrôler, encadrer et aider. L'acharnement ne crée que des blessures.

Ce que je comprends. Ma principale mission de vie, mon projet de vie dans cette incarnation, c'est d'être amour, incarner l'amour, l'amour de moi. Que j'allais aider beaucoup de gens de cette façon. Et que de m'acharner sur la guérison de ceux et celles qui ne veulent pas être guéris, ça crée des blessures. Je comprends. Je dois prendre un autre chemin, ce qui m'est demandé : l'amour de moi, marcher sur mon chemin d'amour, mon chemin rouge et retourner en moi chaque jour, afin d'être heureuse, rechercher ce qui me rend heureuse.

Ne pas « chercher à… »

Il faut AIMER LES AUTRES TELS QU'ILS SONT. *Dans leurs blessures, leurs faiblesses et tendre la joue, même si on est dur envers moi, sans me soumettre. Accepter d'avoir des ennemis, me respecter, montrer que ça ne me crée pas de blessure. Me rappeler que dans mon jardin intérieur, il y a des fées, des anges, des renards, et me retrouver dans ce lieu souvent.*

Ma priorité en ce moment est de prendre soin de mon corps, me guérir et guérir les vies en moi. Il est temps d'agir dans cette mission, d'être amour. Je sais que j'ai trop donné. Je me sens vidée. Marie Anne, il faut qu'elle se donne maintenant, qu'elle se respecte. Je ne m'acharnerai pas, j'accueille, je vais faire ce que je crois qui est bon.

On demande sécurité.

On me dit de déposer mon esprit, comme un feu, le feu en moi… entendre la musique, mes os l'entendent, tout mon corps, habiter mon corps, les rivières en moi, les racines dans mon dos, mon ventre, les feuilles, les pieds qui créent des lacs et des rivières, ma tête dans les étoiles. Ce pouvoir infini, il est en moi, et il est temps que je m'aime profondément.

Merci.

✦ 7 décembre 2020

Libre au présent

« Bercée comme l'enfant dans la foi et l'amour. »

M. A. L.: *Ouverture, ouverture du cœur… ne te juge pas. Ne te juge pas. Nous sommes là. Point n'est de direction ultime, point n'est de direction. Seulement l'instant. L'instant présent. Ici et maintenant, sois. Sois libre, libre comme l'aigle. Libre comme l'aigle. Perçant les mystères par sa vue fine, claire, sois libre. Juste libre.*

Il n'y a plus de temps, il n'y a plus d'espace. Rien que la présence à soi. L'importance d'entrer dans son cœur, d'ouvrir son cœur, cela ne signifie pas de mettre de côté le corps, l'esprit. Ouvrir son cœur signifie laisser aller les peurs, s'aimer, se bercer tel un enfant au creux des bras de sa mère tendrement, doucement. Bercé par la mère. Par la mer d'amour, cette mère d'amour qui berce son enfant. Vous êtes aimée, laissez-vous bercer à chaque instant. Vous êtes un enfant de Dieu. Dieu aime tous ses enfants. Pourquoi doutez-vous de son amour ? L'amour de Dieu est si grand, il protège ses enfants. N'ayez peur de rien, n'ayez plus peur.

Laissez-vous bercer. Laissez-vous bercer. Retrouvez cet état d'enfant au creux des bras de sa mère, se sachant protégé, aimé, n'ayant peur de rien. Comblé, comblé.

Recevoir l'amour, voilà l'ouverture du cœur. L'amour pour vous-même. Vous êtes bénie, chère enfant. Vous ne pouvez offrir aux autres l'amour que vous ne vous offrez pas. Tant d'amour, tant d'amour en vous Marie Anne, tant d'amour à recevoir et à offrir. Ouvrez votre cœur dès maintenant. Il est prêt. Il attend votre autorisation. N'ayez peur de rien, n'ayez pas peur de perdre votre identité. Tout cela est une illusion. Vous êtes divine d'abord et avant tout. L'identité terrestre est illusion. Vous êtes une et l'autre mais avant tout divin, c'est à travers votre identité divine que vous vous libérez et que vous libérez les autres, par votre lumière. Accueillez votre lumière, accueillez votre identité divine. Brillez comme l'étoile. Dites oui aux retrouvailles, mon enfant. N'ayez peur, vous êtes bercée à chaque instant, protégée. Dieu vous aime, Dieu vous aime, d'un amour si grand.

Merci Marie Anne. Nous vous aimons. Nous vous honorons, nous sommes privilégiés d'être ici, pour vous. Soyez sans crainte, soyez dans la foi de l'amour de Dieu. Marchez votre chemin d'amour, ouvrez votre cœur à qui vous êtes.

Que de belles choses s'ouvriront à vous, la souffrance est terminée, croyez-nous.

Merci.

Je marche sur les plaines d'Abraham en ce début d'année, une énergie nouvelle me traverse. Je me sens bien. Je m'assois sur un banc de parc et regarde de l'autre côté du fleuve. Ma fille se trouve en face, à Lévis. Je ne sais pas ce qu'elle fait de ses journées, je ne sais pas si elle est bien. Nous sommes séparées par le chemin qui marche[35]. Je vois les familles heureuses, mon cœur se serre en voyant une mère et sa fille marchant ensemble. Dans ma solitude je vis cette épreuve, mais animée par la foi. Chaque jour j'ai la force d'avancer. Personne ne voit que je traverse un grand fleuve intérieur.

35. Nom donné autrefois au fleuve Saint-Laurent par les Amérindiens.

✦ 16 janvier 2021

Le cœur de mes centaines de vies

« Devenir simplement amour. »

M.-A. D.: *Les consignes se bousculent dans ma tête… on va les nommer une par une.*

Premièrement se déposer, pour libérer son cœur, parce que c'est le cœur qu'on va travailler. Laisser la tête, laisser les jambes, les bras se déposer tranquillement.

On me dit aussi qu'on va en profiter pour unir ; pour unir le passé, le présent et le futur de Marie Anne. Le passé de plusieurs vies. On va profiter de cet instant pour créer du lien, faire des liens dans ces vies passées en espérant dégager un sens qu'elle poursuit, un sens qui l'anime, un sens qui la fait chanter, rêver, on va travailler à ce que Marie Anne puisse toucher à l'amour d'elle-même pour elle-même, un amour sans attache, sans pression, sans attente. Un amour qui diffuse l'amour, un amour qui a la saveur, sa propre saveur. La saveur de Marie Anne, toucher en elle, un amour qu'elle trimbale de ses mémoires heureuses et non pas des mémoires malheureuses, les mémoires heureuses. Ses mémoires de jouissance pour la vie. Ses mémoires où elle jouit pleinement. Où elle brille, où elle est radieuse, ses mémoires où elle est comblée. On laisse le corps se déposer plus encore, se déposer, presque faire un avec la table, avec le sol, avec la terre. Un corps enraciné presque pétrifié dans la douceur du silence. Un corps qui accepte de se mettre au repos pour que le cœur se retrouve.

*Il faut réveiller le cœur de Marie Anne (*autre voix*), mais il faut réveiller le cœur de toutes ses vies, chacune de ses vies enfouies, endormies, quelques-unes emmurées, derrière des rideaux de pierre, de froid, laisser le cœur irradier. Laisser le cœur s'illuminer, être une étoile, comme la galaxie de tes nombreuses vies laisse apparaître. LAISSE-TOI APPARAÎTRE. Dans chacune de tes identités, laisse-toi apparaître dans chacune de tes identités. À la fois homme, à la fois femme, dans des vies terrestres, sur de multiples continents, à différentes époques, à l'occasion sage, à l'occasion rebelle, déterminée, déçue, déprimée, des identités abandonnées, des identités incomprises, des identités admirées, honorées, les laisser s'intercaler, les laisser habiter le moment présent de toutes ces qualités, de tous ces défauts, il n'y a pas de bien, il n'y a pas de mal. On n'est pas dans une dualité, on est dans une unité. Bouger l'ensemble des vies de Marie Anne, d'animer chacune de ses parts (*autre voix*), de les laisser encore une fois exister. Prendre d'assaut la lumière, chacune de ces parts porte la compassion pour sa sœur jumelle. Pour son identité jumelle. Une compassion infinie, qui je suis, qui j'ai été, une compassion à venir aussi, un amour inconditionnel pour sa propre vie. Pour sa propre vie. Pour ce cadeau du Créateur. Laisser la vie du Créateur s'expandre en soi* (autre voix)*, dans chacune de ses facettes, dans chacune de ses personnalités, laisser vivre en simultané ces centaines de cœurs, ces centaines de cœurs. Ces cœurs qui ont vécu dans le désert, dans les sables, ces cœurs forestiers, qui ont habité la jungle, les tropiques, ces cœurs lunaires qui ont dédié des vies entières à la lune, ces cœurs ermites, qui ont cherché à comprendre. Ces cœurs amoureux, ces cœurs sages, ces cœurs faibles, ignorants,* *remplis de préjugés, de haine, de peur, on les laisse exister dans ce moment particulier. On laisse tous les cœurs exister.*

De l'émergence de cette grande assemblée, peut-être naît-il un mot ? Une intention ? Un sentiment ? Une exigence (je vois force, liberté, compassion*), une exigence, sortie du cœur des cœurs, une exigence qui cherche à se nommer, simplement. Une exigence, une couleur, de forme, de compréhension nouvelle, une force nouvelle. Un savoir caché dans l'intimité des os* (les os me font mal depuis plus d'une semaine). *Une tendresse cachée dans la dureté des os. Le cadeau d'une forteresse.*

Devenir, être, assumer, la femme des femmes. La femme de toutes ces vies. Assumer, assumer pas tant par force, ni par détermination. Assumer par humilité, assumer que tous ces chemins ont été l'œuvre de Dieu. Que tous ces chemins, que toutes ces vies, que tous ces apprentissages, sont l'œuvre unique de Dieu pour faire fleurir ma vie. La vie de toutes les vies, pour me faire fleurir, briller. Je me dépose, je dépose mon cœur épuisé. Je dépose mes armes. Je dépose, je dépose mon savoir, mes connaissances, je dépose mes dons, je dépose ma volonté et j'accepte d'être nue, nue devant ma vie. J'accepte d'offrir ma vie, la joie, le bonheur, l'amour. Devenir simplement amour. Juste amour. Devenir amour.

Laisser mon cœur déborder d'amour, recouvrir toutes les scories, toutes mes inquiétudes, toutes mes culpabilités et recouvrir d'amour. Simplement me laisser aimer, sans aucune attente, ni même de Dieu. Au cœur de toutes ces vies, je devais apprendre à aimer. Aimer au-delà de toutes contraintes, au-delà de toute demande, de toute reconnaissance, aimer simplement pour que l'amour poursuive son chemin à travers les âges.

Offrir, ouvrir les yeux maintenant à cette vie nouvelle, à cette vie libre, non pas aux contraintes, mais libre des questions, libre des interrogations, libre des comment, libre des pourquoi, libre de laisser l'amour ruisseler, dégouliner de ma propre personne. Libre d'être libre. Sans oublier chaque passage, sur cette Terre. Sans oublier chaque rencontre, chaque prise de conscience, sans oublier chaque plaisir, chaque jouissance.

Laisser le cœur encore plus libre, déposer les côtes, les viscères, les bras, les têtes. Déposer les yeux dans les orbites.

Tout arrêter. Arrêter jusqu'au cœur, l'espace d'un instant, arrêter le cœur. Arrêter tout. Puis la vie renaît. Laisser croître la vie sur notre vie ancienne. Laisser croître la fleur dans le compost de ses vies antérieures.

Laisser la graine germer dans le compost. La laisser trouver le soleil. La chaleur, laisser l'être animé de cette vie qui prend de l'expansion. Qui cherche à aller toujours plus loin, toujours plus haut, plus proche du soleil (autre voix). *Laisser la vie devenir.*

Accompagner le germe de sa vie. Se nourrir, se nourrir de l'amour. De la beauté, de la tendresse. Se nourrir de la joie des rencontres, de la joie des anges, de la sagesse. Se laisser habiter par la lumière pour éclairer tout, tout, tout de nous.

Laisse chacune des fibres d'amour de ton cœur rejoindre tes mains, tes doigts, tes paumes. Laisse l'amour habiter tes mains, pour offrir des caresses, des consolations, prendre la peine des autres, pour partager le travail des autres, pour soutenir la richesse des autres. Utilise tes mains pour rendre le monde heureux, joyeux. Pour rendre le monde libre, libre, profondément libre. Libre des certitudes.

Laisse-toi honorer ton chemin. Laisse-toi décider de ton propre chemin. Fais confiance à cet amour qui te propulse, fais confiance à cet amour qui te nourrit, qui nourrit l'âme. Aie confiance en cet amour pour aller au bout de toi-même. Aller dans ta vie, au cœur de ta vie, avec le cœur comme pilote. Avec le cœur comme commandant en chef, comme sage suprême. Avec ton cœur qui est le cœur de ces centaines de vies pour t'accompagner dans ton déploiement. Dépose-toi au cœur de ton cœur, dans cette zone complètement vierge de tout jugement, laisse-toi, sans jugement, laisse-toi chanter, laisse-toi rire, laisse-toi pratiquer tes dons, laisse-toi offrir l'amour, sans attente. Laisse-toi offrir ta vie pour l'amour. Laisse-toi piloter ta vie (chuchotement) *en toute confiance.*

Marc-Antoine est fatigué, il va arrêter, nous autres, on va continuer. Un peu. Laisse-toi déposer, laisse-toi déposer. Encore quelques minutes (Marc-Antoine se couche sur le divan).

Laisse les couleurs t'envahir. Laisse imaginer ton royaume. Ce n'est pas un royaume imaginaire, c'est le lieu de ta création.

C'est la puissance de ton amour qui est le pilote de ta vie. Depuis toujours et pour toujours.

Nous te disons à bientôt. Nous t'aimons.

Nous reviendrons.
Sois douce avec toi et tes centaines de vies.

✦ Janvier 2021

Retraite en forêt

« Donne-toi tout. »

Je pars heureuse me retirer trois jours dans la forêt des Laurentides. Je vais rejoindre mon ami et guide spirituel des dernières années, Dominique (T8aminik) Rankin. Après l'avoir contacté pour lui parler de ma situation, il m'invite à vivre une retraite dans son chalet sans eau ni électricité, situé sur leur site de ressourcement à La Conception. Je suis honorée par son invitation. En pleine pandémie, les lieux et les occasions de ressourcement ou d'accompagnement sont rares. Nous nous retrouvons dans le Nord, région où je suis allée me ressourcer plusieurs fois ces huit dernières années, dans la plus grande joie. J'ai l'impression de retourner à la maison. Durant ces trois jours, Dominique vient me voir par moments, m'invite à des réflexions en soirée, à revoir le fil rouge de ma vie afin de le mettre en lumière et laisser aller les peurs qui m'habitent depuis ma naissance. Il m'accompagne comme toujours avec le sourire, l'écoute et la bienveillance du cœur tout en me laissant libre et responsable de mon chemin, de mes choix, ne prenant jamais de pouvoir sur ceux-ci. Toujours il enseigne par son propre exemple et m'invite à parler de moi afin que je trouve moi-même les solutions qui me concernent.

On ne parle pratiquement pas de ma fille ou de notre relation, mais de moi. Je partage mes regrets, ce que j'ai dit ou fait qui l'ont blessée, et il me reprend : « Les regrets, c'est la faiblesse. » Je comprends que je dois cesser d'alimenter la culpabilité et les jugements envers moi. Il m'est conseillé de ne pas réagir, confronter, me taire devant l'adversité et me donner tout ce dont j'ai besoin. Avec un simple exercice, les 7 cordons ombilicaux, il m'invite à nommer mes 7 besoins fondamentaux, des besoins à combler au quotidien afin de maintenir ma protection, être au centre de ma vie. Un visuel (comme un tambour, avec le cœur et 7 rayons), me rappelant l'importance chaque jour de combler l'un ou l'autre de ces besoins afin de répondre avec plus de détachement et de bienveillance aux expériences quotidiennes. Je dois nettoyer encore ces résistances qui m'habitent, qui proviennent de peurs de mon enfance, adolescence, etc., et faire mes petites pochettes rouges de tabac contenant mes intentions à mettre au feu sacré.

Le troisième jour, il m'offre un soin. Il m'informe que le burn-out, ou la possibilité d'un infarctus même, me guette. Mon cœur, ma circulation sanguine et mon système nerveux sont affectés. Je vis un moment unique. Je bénis et rends grâce. Cette retraite remplit profondément mon âme, nourrie par ce lieu, la présence de Dominique et tous ces gestes qui me ramènent à moi : chauffer le poêle à bois, veiller mon feu jour et nuit, m'éclairer à la chandelle, marcher en raquettes sur le lac gelé, me coucher dans la neige, me relier au sacré et aux gestes rituels, déconnectée des appareils électroniques, respirer l'air pur, jouir du silence et de la solitude... Seule au monde et en paix. Je n'ai aucune peur.

À la fin de mon séjour, nous reprenons le chemin ensemble dans sa camionnette. Alors qu'il me reconduit à ma voiture, je lui demande :

— Dominique, quelle serait la clé de la véritable liberté, comment y accéder ?

Il me répond avec le sourire et l'enthousiasme d'un enfant :

— Je n'ai plus de souci !

Voilà. Je sens que j'ai du chemin à faire. Je suis bien loin de la véritable liberté mais je suis déterminée à l'atteindre, à me libérer de mes inquiétudes.

Je poursuis les allers-retours entre Bury et Québec toutes les semaines, les suivis avec les intervenants, les enfants, la famille, je suis épuisée. Toujours dans mes bagages, je n'arrive pas à me recentrer. Je suis inquiète pour ma Lune qui est très renfermée, vivant une période sombre. Je ne la reconnais plus. Elle se tatoue le mot « chaos » sur le poignet, s'isole, ne répond pas à mes textos ou mes appels. Elle vit seule dans la maison que son père n'habite pas la semaine. Avec les cours à distance, l'isolement et sa santé psychologique fragile, je suis très inquiète. Je marche sur des œufs avec le père de mes filles qui réagit à la moindre de mes inquiétudes.

✦ 14 février 2021

L'éveil des âmes endormies

« Aime-toi quand tu tombes. »

M.-A. D. : *Il est 14 heures, on est le 14 février. C'est la Saint-Valentin. Marie Anne est éprouvée. On va la traiter*[36]*. Le temps, c'est notre meilleur ami.*

On va se déposer, toi comme moi. On va laisser le chant rentrer dans nos muscles, dans nos os, voyager jusqu'au cœur.

Se laisser traverser par le chant, apprendre la physiologie du chant en soi. Cet après-midi, Marie Anne offre un temps, sa présence, son corps, sa curiosité, offre tout ce qu'elle connaît de sa vie, pour entrer en communion avec vous. Elle laisse de côté, du moins pour un moment, ses peurs, ses jugements, ses certitudes. Elle ouvre son cœur, son esprit, son corps. Elle ouvre sa lignée, ses ancêtres, ses nombreuses vies. Elle s'ouvre à partager, communier, avec le monde divin. Ses questions sont nombreuses. Ses interrogations se bousculent.

Elle demande éclairage. Vous lui dites : COURAGE.

36. Offrir un soin ; traitement en fasciathérapie.

Vous lui dites qu'elle a plus besoin de courage que d'éclairage. Qu'elle sait parfaitement ce qu'elle doit faire. Et LE COURAGE EST DANS L'ACTION D'AIMER. *D'aimer profondément, d'aimer suffisamment, pour que l'autre soit libre. Libre de vie.* IL N'Y A AUCUN OBSTACLE. IL SUFFIT SIMPLEMENT D'AIMER.

Comment ouvrir mon cœur encore davantage ?

Il faut simplement laisser le corps ouvrir le cœur. On ne demande pas à une fleur de s'ouvrir, d'éclore, on attend qu'elle s'ouvre grâce à son impulsion intérieure. Tout d'elle. Et POUR QUE LE CŒUR S'OUVRE, IL FAUT SIMPLEMENT LE NOURRIR D'AMOUR. *Chaque petit* GESTE, *chaque* PENSÉE, *surtout les pensées, Marie Anne. Les pensées t'empoisonnent. Il faut aimer, il faut s'aimer. Il faut s'aimer au-delà de toute morale, de toute culture. Il faut s'aimer profondément, il faut aimer. S'aimer quand on tombe, il faut s'aimer quand on chute, quand on se trompe, ne pas s'aimer seulement quand c'est facile. Jésus dit : Aimez vos ennemis. Tes ennemis Marie Anne, ce sont tes idées, tes pensées récurrentes, tes peurs, aime tes peurs. Aime-les... elles te montrent le chemin. Elles te montrent le chemin. Non pas le chemin de l'agir, mais le chemin de la réalité pour sortir de l'illusion. Sortir de la pensée. Laisser ton cœur chanter. Le laisser s'entraîner à chanter les louanges malgré les difficultés, malgré les embûches. Ce sont des pièges.* TES PEURS SONT DES PIÈGES. *Accorde à ton histoire autant d'importance sinon plus, à tes réussites, qu'à tes soi-disant échecs. Capitalise sur tes forces. Tu diriges une entreprise : Marie Anne Lemay Inc. Il faut lui offrir les conditions pour que ses services se propagent, il faut que cette entreprise trouve son public cible.*

Quel est-il ?

M.-A. D. : *Les pompiers ne vont jamais éteindre une maison qui ne brûle pas. Même si la maison est à risque d'incendie. Quel est ton rôle Marie Anne ? Quel est ton véritable rôle ? Pourquoi es-tu sur Terre ? Que fais-tu ici ? Que fais-tu vraiment ici ? Pourquoi on t'a donné, pourquoi as-tu choisi ce corps ? Pour faire quoi ?*

Offrir, partager…

M.-A. D. : *Non !*

Aimer…

M.-A. D. : *Tu éveilles* (voix forte) *! Tu éveilles les âmes endormies. Occupe-toi des âmes endormies. Ta vie va bien aller si tu es sur ton chemin.*

Je suis fatiguée de souffrir.

M.-A. D. : *Alors arrête ! Arrête. C'est seulement ton choix. C'est toi qui as choisi ce chemin. Change. Change tes pensées !*

Oui.

M.-A. D. : *Change toute ta vie. Change-la. Tu n'es pas obligée de répondre comme tu répondais hier, change. Change de nom. Change de vie. Change ! Change vraiment. Ça demande de prendre une véritable décision. Tu es venue, tu as choisi le rôle d'éveilleur pour les âmes perdues qui cherchent leur chemin. Tu as maintenant dans ton corps, inscrit, dans chacune de tes cellules, le chemin des âmes perdues. Tu sais maintenant comment les accompagner. Tu as ce chemin inscrit en toi. Tu l'as vécu. Maintenant, il est temps de montrer aux gens, au monde, à tout le* *monde, qui* VEULENT T'ENTENDRE. *Ça suffit les plaintes, ça suffit les plaintes! Les plaintes sont ton chemin d'âme perdue. Ça suffit. Sois au cœur de ta vie maintenant, de ton rôle.*

Ce sont mes filles qui me...

M.-A. D.: *Tout est une excuse valable.* TOUT *est une excuse valable, les âmes se perdent pour des excuses valables. Les âmes perdues, ce sont des gens qui sont aussi vaillants, courageux, instruits que toi.*

Je ne sais pas comment quitter l'ancien, faire autrement (triste).

M.-A. D.: *Il ne s'agit que de faire. Il ne s'agit que de passer à l'acte! Il n'y a pas de recette! Il y a un rôle. Le rôle que tu as dans ce monde, tu dois maintenant t'habiller de ce rôle et le réaliser. Il y aura d'autres embûches, c'est sûr. Car il y a d'autres apprentissages. Mais il est sérieusement temps avant de mourir et de revivre encore et encore ces événements. Il est temps de transcender ces événements. Au lieu de croire que tes filles sont en difficulté, peux-tu croire qu'elles jouent très bien leur rôle pour te pousser à te choisir? Peux-tu croire qu'elles aussi sont investies du divin? Et qu'elles ont elles aussi des chemins magnifiques à explorer? Arrête de croire que tu es seule à travailler à ton épanouissement. Tous ceux qui te connaissent, tous ceux qui t'aiment, même les arbres, sont investis d'une forme d'accompagnement pour toi, pour que tu trouves ton chemin divin. Tes filles font partie du plan.* Comment faire?, *demandes-tu.* ACCEPTER. *Accepter jusqu'au cœur de ton cœur, jusqu'au cœur de ta vie. Accepter d'être pénétrée, transformée, peinée, désabusée, heureuse, accepter d'être heureuse de quitter tes obligations.*

Le chaos est une notion que tu connais. Le chaos intérieur est une image du chaos extérieur. Et inversement. Le chaos extérieur est une assez bonne explication, une image, du chaos intérieur. Quand tu te promènes avec tes milliers d'inquiétudes sur le dos, tu ne fais que cacher ton chaos. Mais les gens le sentent, le ressentent. La vie te demande de te libérer de ce chaos.

Non pas de te choisir, toi ! Ça, ce n'est pas tout à fait vrai. C'est simpliste comme explication. Se choisir soi, c'est surtout libérer l'autre de tes préoccupations. De t'offrir la véritable force. Arrête de chercher. Arrête de chercher. Arrête !!!... de chercher. Comme cette musique, presque un pas miliaire. Arrête de chercher dans les chants, dans les arbres, dans les livres, dans les oracles, agis. Libère, libère-toi, libère les autres. Fais ce que tu as à faire. Indépendamment des autres. Libère. Libère. C'est possible qu'il y ait des excès. Mais ça ne te menace pas beaucoup. Tu es tellement sous d'immenses couches de responsabilités. Libère-toi. Un geste à la fois, avec discipline.

Les pensées, c'est comme la nourriture. Tu choisis de manger bio. Tu choisis de manger bien, de prendre soin de ton alimentation. Tu es capable de choisir de prendre soin de tes pensées. Que ces pensées-là, c'est de la junk food *et que tu n'as pas à mettre une seconde de ton temps à la traiter. Tu en connais l'issue. Tu te dois d'être vigilante. C'est une hygiène de vie. Tu cherches comment faire.*

Une autre question concerne la confiance envers le père de mes filles et la responsabilité que je porte, je ne sais plus quel est mon rôle, comment je dois me positionner.

M.-A. D.: *Liberté. La* CONFIANCE, *c'est comme une corde, une grande corde relationnelle. Moins elle est solide, plus elle doit être tressée de nombreux brins, elle est très grosse, très lourde. C'est une corde lourde, c'est une relation lourde parce que la confiance n'y est pas. Mais le terme confiance devient comme un peu la foi en Dieu. Elle devient un lien essentiellement de lumière qui peut tous nous rejoindre, mais qui ne peut nous attacher, qui ne peut nous tirer, qui ne peut nous retenir. La véritable confiance, c'est un lien de lumière. Et pas une corde qui nous attache.*

Est-ce que je peux faire confiance à leur père ?

M.-A. D.: *C'est à toi qu'il faut faire confiance. C'est à toi ! À toi qui vas jouer ton rôle d'éveilleur, rien d'autre ne devrait préoccuper ton esprit. Rien !* QUAND LE CHAOS ARRÊTE EN SOI, IL ARRÊTE AU-DEHORS. *Mais vraiment.*

Merci, c'est clair.

M.-A. D.: *Ça te prend une hygiène de pensée dès maintenant. Ce qui te fait du bien, tu lui accordes de l'attention. Ce qui ne te fait pas de bien, tu n'y accordes aucune attention ! Tu le jettes à la poubelle. Tu pourrais même en faire un rituel. L'écrire sur une note puisque tu aimes prendre des notes.*

(*Rires.*)

M.-A. D.: *Et tu te lèves en pleine nuit s'il le faut, nue, tu vas porter ton papier dans la poubelle dehors au loin et tu entres. Un véritable rituel. Pour t'en débarrasser, tu peux le jeter au feu. Mais je crois qu'il faut que tu sortes pour indiquer que ces pensées, tu ne les veux plus dans ton endroit de vie.*

Merci.

M.-A. D. : *C'est ça que tu dois mettre en place. Une hygiène de pensée. Ce n'est pas les actes de sauver l'un ou sauver l'autre ou culpabiliser l'un ou l'autre… c'est de te libérer. De te libérer de toutes tes préoccupations. Et quand tu seras au centre de ta vie, dans ton rôle, tu seras apte à gérer ces questions qui vont revenir, car elles font partie de ton chemin de vie. Et elles ne sont pas que ton chemin de vie. Tu as autre chose à réaliser et il est grand temps que tu réalises ta vie. Ça suffit les plaintes, ça suffit. Le temps de la joie est arrivé, le temps de la conscience est arrivé. Tu te dois de te faire confiance. Et ça, c'est une grande liberté. Te faire confiance, ce n'est pas… c'est comme le lien de tantôt… c'est un lien de lumière. Ce n'est pas s'attacher dans une posture, c'est se fier qu'à chacune des nouveautés qui apparaîtront, on sera en mesure de la traiter, de l'affronter, de la mettre à la poubelle ou de l'incorporer dans notre nouvelle vie. Libre. Il est sérieusement temps. Tes pensées doivent être traitées comme ton alimentation.*

Merci d'être ferme.

M.-A. D. : *Cela s'adresse à Marc-Antoine. Marcher sur la queue du tigre. C'est cela.*
Honorer ta vie. Honorer ton cœur. Te rendre grâce. Presque à certaines occasions avoir de la compassion pour toi. C'est un chemin d'expériences particulier. Et il est temps de l'honorer. Il est temps de l'honorer. Ça commence aujourd'hui. Il est temps de libérer les autres de ton emprise. Il est temps de libérer les gens de ton emprise. Ils reviendront parce que tu leur manques, pas parce qu'ils te doivent quelque chose. Ils reviendront par amour et non par obligation. Et le retour d'un fils prodigue est très, très heureux. Beaucoup plus que d'avoir vécu dans la même maison, toute la même période d'une vie. Les autres ont besoin de liberté. Et tu as besoin de ta liberté de pensée. Tu n'as rien à imposer à personne. Seulement une hygiène bienveillante pour toi.

Choisir la lumière. Choisir de regarder la lumière. Choisir de regarder la lumière chez les autres aussi. Choisir de regarder la lumière dans tes pensées, dans tes actes. Choisir ta passion, la suivre. Choisir de marcher dans ta vie et d'arrêter de remettre à plus tard. C'est comme ça qu'on passe à côté de sa vie, en remettant à plus tard.

Merci.

✦ 3 mars 2021

C'est la semaine de relâche scolaire. Je suis avec les filles à l'appartement de Québec. Entre un tour d'hélicoptère avec ma Lune à Baie-Saint-Paul, son visage éteint, la déconnexion d'avec ses émotions, la confrontation avec mon Soleil, je me retrouve en boule par terre. Je n'ai plus de patience, ni de tolérance. Je tombe à nouveau face à la souffrance.

La tension éclate. Les limites sont dépassées. Je reconduis mon Soleil au centre jeunesse. Sur l'autoroute se déclenche une crise. J'ai peur pour notre sécurité et j'appelle la police qui vient la chercher.

✦

Cage ouvre-toi

✦ 4 mars 2021 : extrait de mon journal

Cris
Porte qui claque
Course pour un cellulaire
J'ai mal
Je m'effondre
Menaces
Je pleure

J'ouvre les stores
Le garçon d'à côté et son casque trop grand
Le garçon qui traîne son bâton derrière lui
Sa mère qui le suit lentement
Je referme les stores pour ne pas voir leur bonheur

Le bonheur n'existe pas chez moi
Je souffre
J'envie ceux qui ne vivent pas ce que je vis
J'envie ceux pour qui la vie est douce

Mère que je suis
Je m'en veux
Souffrances acceptées et infligées
Pourquoi tant d'épreuves

Ma fille
Je t'emprisonne
Je m'aime
Je te libère

Peur de me dire
Peur d'être entendue
Peur d'être vraie

Je peux souffrir longtemps
Et pardonner
Je vois le bon et l'amour en l'autre
Je renie l'amour de moi

Quand s'arrête la souffrance
Quand c'est assez
Quand je le choisis

Chaque fois j'oublie
J'oublie qui je suis

Je veux des rires et des folies
Je veux de l'amour et du respect
Je veux des joies et des silences
Je veux des marches et des sourires
Je veux une caresse et un merci
Je veux ce que mon cœur crie

Je voudrais changer de pays, changer de nom, changer de vie

Qu'est-ce que je maintiens
Qu'est-ce que je retiens

Je me retiens
Je retiens l'autre

Quelle peur me retient
Si je n'avais plus aucune peur
Voici ce que j'écrirais
Voici ce que je ferais

Ma liberté
Voilà ce que je retiens
La liberté enfin
Libre des peurs qui ne me concernent pas
Libre des autres
Libre de ce qui n'est pas moi
Liberté me menaces-tu ?

Peur de l'inconnu

Je comprends que je ne compte pas pour moi
Ma liberté viendra quand je compterai assez pour moi
Quand j'aurai assez souffert
Quand l'autre aura assez souffert

Assez

Je comprends
Je ne veux plus souffrir
Je ne veux plus faire souffrir
Alors je change

Pardonne-moi

Courage
Je referme mon tipi autour de moi
Ma protection
Mes 7 racines

Force
Amour
Calme
Respect
Honnêteté
Liberté
Lenteur

Me choisir
M'aimer et me donner tout
Être amour
Et ouvrir la cage

J'oublie que je suis lumière
Que tu es lumière aussi

Cage ouvre-toi
Liberté je te choisis
Inconnu, je n'ai plus peur de toi
Esprit aide-moi
Je suis là

✦

Mes tirages

Carte de l'Arbre en moi : *Je fais preuve de souplesse.*
Ange : *Ange de la réconciliation.*
Dés de la destinée : *346.*
Mouvement, Délivrance, Adversaire : Vous aurez à faire face à un obstacle, à une situation adverse qui vous retient et arrête votre élan. Vous devrez observer les faits avec intelligence et patience. Mais l'adversaire en question est fort. Tout indique que vous vaincrez si vous ne reculez pas et si vous conservez votre détermination.

Depuis plus d'un an, je n'ai pas eu de contact avec mon amie Karine. Je sens le besoin de la recontacter et d'obtenir un nouvel éclairage, celui de mon âme. Cela me fait un grand bien de renouveler notre relation, tant avec mon amie qu'avec cette guidance intime qui vibre pour moi.

✦ 1er avril 2021

Chère Marie Anne,

Comme d'habitude, tu trouveras les réponses à la suite de chacune de tes questions. Les réponses sont transmises par ma connexion à ton âme et aux guides et ces derniers nous transmettent ce qui est utile et compréhensible pour nous de recevoir ici et maintenant, comme tu l'as si bien demandé.

Je demeure disponible si tu as des questions ou besoin d'éclaircissement !

Je t'embrasse, prends soin de toi ma belle amie.

Karine

✦

M. A. L.: Encore une fois merci d'être là… comme amie, de retour, afin d'être un canal pour m'éclairer.

Ça nous fait grand plaisir, avec amour, comme toujours !

J'ai eu plusieurs éclairages depuis une semaine par Marie-Claude, Marc-Antoine et les guides, des choses se sont clarifiées, je suis plus apaisée, mais je sens tout de même le besoin d'entendre mon âme. Mes questionnements sont ceux-ci pour l'instant. Ils me concernent et concernent mes filles. Je te remercie infiniment.

Je vis depuis plus d'un an un véritable raz-de-marée émotionnel, un grand éclatement de ma vie d'avant : perte de repères, faire face à des peurs, détachement d'avec les filles, lieu de vie, fatigue, épuisement. Je remonte la pente. Je me suis levée ce matin, apaisée avec la phrase : La magie d'une nouvelle vie.

J'y crois, je souhaite voir le positif et non plus ce que je perds, mais ce que je vais gagner de cette situation. Merci de m'éclairer sur les points suivants. Et merci de me répondre avec les mots, les réponses qui me seront le plus utiles.

Qu'est-ce que je dois apprendre de cette expérience des dernières années, cette étape actuelle de détachement et de renoncement ? Quelle est la prochaine étape sur mon chemin d'éveilleur ?

Chère âme lumineuse que tu es, les obstacles sur ton chemin te permettent de t'élever et de t'affranchir de certaines blessures, de certaines croyances ancrées qui te relient à la souffrance des autres, incluant celle de ta fille. Tu as fait les bons choix à chaque instant pour toi et pour elles, parfois en voulant faire au-delà de tes capacités d'être humain, parfois en ayant le goût de tout laisser tomber. Cette nouvelle étape en est une où tu te permettras de te retrouver toi, dans ton essence, sans interférence aucune, sans te ramener dans la culpabilité.

Culpabilité, mot qui résonne encore fort en ce moment et que tu es venue apprendre à transcender. Le regret ou la déception de soi, d'abandonner n'est pas. Tu ne peux abandonner personne d'autre que toi-même, d'où cette transition pour te retrouver pleinement après avoir abandonné une partie de ta lumière pour tenter de faire cheminer une autre âme. Cette âme (mon Soleil) *a son propre chemin de vie, sa propre voie, indépendamment du tien, et pour un bon moment, tu ne pourras pas l'aider en étant autant affectée. Tu es dans cette étape pour prendre de la hauteur, te ramener au calme, au détachement de ce qui est humain en toi, en l'autre pour te permettre de voir à nouveau la lumière en toi et en l'autre.*

Qu'est-ce qui m'aiderait à traverser cette étape, à m'épanouir, à reconnecter avec mon essence et de quelle manière puis-je réaliser ma mission au mieux ? De quoi ai-je besoin en ce moment ?

La nature, les éléments bois et eau sont présents autour de ton énergie, essaie de t'en imprégner le plus souvent possible, médite en forêt, peins en forêt, écris-y, libère tes peurs, tes émotions, ton esprit de cette façon et tu laisseras ainsi place à plus de précision pour ce qui se prépare. Il y a encore place à faire le vide en toi pour accueillir l'abondance dans ta vie. Essaie de t'entourer de femmes dans ta nouvelle région, ne serait-ce que par des marches dans la nature pour débuter.

Concernant ma relation avec ma fille, qu'est-ce qui favoriserait le rétablissement de l'harmonie dans ma relation avec elle ? De quoi a-t-elle besoin et de ma part ?

Ta fille a besoin de sentir qu'elle est aimée et non jugée, peu importe ce qui émane d'elle. Elle a besoin d'apprendre à s'aimer elle-même et en même temps elle a besoin d'être confrontée à elle-même pour faire face à ses démons, ça peut prendre un certain temps pour qu'elle le comprenne.

De ton côté, tu as besoin de te respecter dans tes limites face à elle, et de respecter de prendre le temps qu'il te faut pour te reconstruire et prendre de la hauteur. Cette hauteur t'amènera à de plus en plus de détachement face à elle, ses peurs, ses blocages, ses comportements, sa négativité, etc. La distance est encore bénéfique et nécessaire pour vous permettre de travailler chacune sur vous. Tu peux lui manifester ton amour de la façon que tu juges correcte aussi souvent que tu en ressens l'intuition.

Qu'est-ce qui serait favorable à son épanouissement et à son bien-être ? Y a-t-il quelque chose à faire pour améliorer sa santé, favoriser son comportement, réguler ses émotions qui lui serait conseillé ?

Elle a besoin de voir le soleil et de boire beaucoup d'eau, de délaisser le sucre raffiné qui mine son énergie et son humeur et la rend instable. L'amener à manger plus de fruits-légumes-noix, et du bon gras pour son cerveau, peut aussi être pris en supplément. Indéniablement, trouver un emploi qui lui permettrait d'être au soleil et de s'éloigner des appareils électroniques lui offrirait un état optimal. Tous les réseaux électromagnétiques sont hyperstimulants pour son système nerveux, ce qui amplifie son anxiété et amène son humeur dans des états extrêmes. Lui procurer certaines pierres qui neutralisent ces champs électromagnétiques néfastes serait bénéfique pour elle également.

Qu'est-ce qui serait favorable au bien-être de ma Lune au niveau de sa santé et pour son épanouissement global ? Qu'est-ce qu'elle traverse en ce moment et qu'est-ce qui lui ferait du bien ? Comment je peux l'accompagner au mieux ?

Ta fille est dans une étape de grande transformation hormonale, de recherche de soi, elle se définit beaucoup dans la performance et cela lui demande beaucoup d'énergie. Elle pousse ses limites au maximum. Elle a à apprendre que tout est parfait même quand ce n'est pas parfait et que son énergie peut aussi être utilisée autrement, qu'elle la gaspille de cette façon. Sommeil important, huiles essentielles apaisantes, méditation, jogging léger ou yoga pour vider le mental et le ramener ici et maintenant. Elle planifie beaucoup. En mettant tes propres limites dans ta propre vie dans les défis qui te concernent, tu lui enseignes à respecter ses limites. Moments mères-filles en tête à tête sans planification particulière (spa, faire les magasins, autre activité de son choix avec elle, elle sera heureuse de choisir). Elle a besoin d'apprendre à avoir des activités qui la détendent de façon plus régulière, son corps physique est tendu. Le spa revient.

Finalement, un conseil général, en lien avec cette grande étape, la réorganisation familiale, ce changement de vie pour moi. Merci beaucoup.

Prends le temps de prendre le temps, pour toi, ne brusque pas les choses, libère-toi de la culpabilité ! Tu es une âme merveilleuse, remplie de ressources qui te rendront bientôt inébranlable !

Rappelle-toi que rien n'est permanent, la vague redescendra !

✦ 2 avril 2021

« Sois bienveillante avec ta part blessée,
ainsi tu créeras l'Unité. »

Marc-Antoine : *On m'a indiqué que je sous-utilisais mon lien avec les guides. Ce matin, je me dis que je souhaite fluidifier cette relation. Pour ce faire, j'ai pensé que tu pourrais agir comme personne pour questionner des sujets qui t'intéressent.*

Nous marchons ensemble sur le chemin Crossbury, je me laisse porter par l'expérience. Je laisse une première question émerger :

La Terre où on vient de se poser. Bury. Qu'est-ce que cet endroit vient nous apporter ?

M.-A. D. : *Bury, c'est un lieu de passage. Bury, c'est un lieu de guérison, c'est un lieu de douceur. Pour prendre soin, pour se guérir. Mais ce n'est pas à long terme. Le long terme n'est peut-être pas au Québec.*

De là l'importance de vivre et de se soigner. La joie soigne. C'est la joie qui soigne.

Marc-Antoine : Next ?!

L'idée d'avoir un pied-à-terre à Québec pour moi, pour pratiquer les soins, être plus près des filles, est-ce une chose qui me serait profitable ou est-ce que je me disperserais un peu trop ?

(*Long silence.*)

M.-A. D. : *Les mots pour l'exprimer ne sont pas encore là... Québec, ce n'est pas pour maintenant. Ce n'est pas souhaitable maintenant. Il faut guérir d'abord, il faut guérir. Guérir, c'est recouvrer la santé et* LA SANTÉ, CE N'EST PAS L'ABSENCE DE MALADIE, MAIS C'EST D'ÊTRE À SA JUSTE PLACE. *C'est-à-dire d'*ÊTRE DANS LE CENTRE DE SA VIE. *Mais être dans le centre de sa vie, c'est tout sauf être maintenu au centre de sa vie par le tiraillement des forces qui nous entourent. Québec, Lévis, Saint-Jean-Port-Joli, Cancún ! Ça n'a aucune importance. Tant qu'il y aura des élastiques qui exigent le maintien dans un lieu, ce n'est pas guérir. Ce n'est pas se soigner.*

Prendre un papier et un crayon. Faire la liste des choses que tu fais différemment depuis deux ans. Et les choses que tu fais pareil depuis deux ans. Et à côté de chacune de ces colonnes, tu apportes ton propre jugement sur la qualité de ta relation avec tes enfants. Le tiraillement que tu vis en toi, et à l'extérieur de toi est la résultante de l'incohérence de ce que toi-même tu reconnais. Tes agissements, non, pas tes agissements, les faits. Les faits. Les faits actuels, faire la liste de ce qui a changé et de ce qui n'a pas changé dans les faits. Et tu en fais. NON *! Non, ne fais plus rien.*

Je ne fais plus rien ? Ha bon… C'est… reconnaître ?

NON !

Marc-Antoine : *Je vais le dire, je ne sais pas ce que c'est.*

M.-A. D. : *Identifie en toi ce qui bloque c'est-à-dire* LA PEUR DE TON DÉPLOIEMENT. *Mais tu dois aller à la racine de cette peur. Parce que ta compréhension n'est pas complète.*

Quelle médecine ou ressource pourrait m'aider à identifier la racine ?

(*Je remarque que je suis encore en train de chercher à l'extérieur.*)

M.-A. D. : *L'éparpillement dans lequel tu navigues depuis plusieurs années à chercher des éclairages, à chercher des formations, à te dire que tu n'es pas tout à fait prête mais que ça va aller, plus tard, bientôt, tout ça fait partie de ta peur et de ta stratégie d'entretien de cette peur. La peur, c'est un signal, d'aller dedans, de la traverser. On traverse les peurs un pas à la fois.*

L'éparpillement est une stratégie de non-confrontation de la peur. Tu dois muscler ta volonté. Tu dois devenir ce que tu es réellement, déshabillée de ces peurs. Tu connais ton chemin. Tu connais ta mission. Tu connais tes dons et tu refuses. Tes enfants, ton milieu familial, ton milieu matériel, ne sont que des symboles de ta peur. Rien de tout ça n'est réel. Tu te dis fatiguée de travailler sur toi. Alors arrête de travailler sur toi. Arrête de travailler sur toi et jouis de toi ! C'est-à-dire fais ce dont tu as envie. Le jugement des autres que tu t'imposes n'est pas réel. Autrement dit, il fait partie d'une certaine réalité mais ce n'est pas la totalité de la réalité. Il y a une multitude de réalités.

Au début, quand on découvre le monde, on est appelé souvent, fréquemment, à porter notre attention sur ce qui fait de l'éclat, du brillant, du drame. On écoute TQS, TVA[37]*, les drames. On aime les drames. On se projette dans les drames. Mais quand notre conscience s'agrandit, quand notre vie s'agrandit, que notre monde s'agrandit, qu'on voyage, qu'on va à la rencontre d'autres cultures, ces drames prennent tout à coup un coup dans les dents. Ils deviennent un peu insignifiants. Il faut alors se nourrir d'autres choses. Pour alimenter notre chemin, notre croissance. Ce qui était bon à 10 ans, à 20 ans, 30 ans, n'est pas nécessairement bon à 40 ans, à 50 ans.*

S'accompagner, c'est d'être vigilant à soi. Pendant longtemps, chez la plupart des humains, on est maintenu dans un chemin, dans un cercle, et que l'on croit être dans notre chemin de vie. Mais les élastiques, les liens personnels, culturels, intellectuels, physiques, matériels, ce sont souvent eux qui nous retiennent dans ce chemin. Il faut, quand la conscience s'élève, briser des liens. Briser et remettre en question ce qu'on aime vraiment. Et ce qu'on a aimé vraiment. Il ne s'agit pas de renier quoi que ce soit, il s'agit de poursuivre son chemin. La vie est une AVENTURE*. Une* AVANT*ure, c'est-à-dire qu'elle va vers l'avant. Et à l'occasion, elle peut être dure.*

Ma peur, c'est d'être reniée par mes enfants.

Non. Nous ne croyons pas. Qu'est-ce qu'il y a à la racine de ce reniement, de ce renoncement, de ce rejet ? Tout est souvent une illusion. Nous dirions même que vous le savez. Nous dirions même que vous le

37. Chaînes télévisées québécoises populaires.

savez très bien. Et que vous jouez encore avec vos cartes, vos vieilles cartes. Un vieux jeu.

Avez-vous une parole d'espoir qui me ferait du bien ?

Quelle est votre question ?

Une parole qui m'apaiserait et me redonnerait confiance.

Alors je vous invite à la dire.

(*Je ris.*)

M.-A. D.: *Je vous invite à la dire puisque la parole de l'autre, la parole des guides n'ont que peu d'influence sur votre stratégie.*

Dans votre situation nous allons vous aider. Imaginez-vous assise dans la toundra arctique. À côté de vous, sur le côté droit, un ruisseau en cascade. Derrière vous, une lune qui éclaire votre dos. Devant vous, un feu. Vers votre gauche, votre part blessée. Comme femme, comme chamane, mais ce n'est pas chamane, c'est femme dans son chemin, dans son éveil. Qu'auriez-vous à offrir comme conseil à votre part blessée ?

(*Silence.*)

M.-A. D.: *Non, il ne s'agit pas d'un conseil de la tête. Cherchez dans votre cœur. Quel est le conseil en tant que femme qui a pleine possession de sa vie, entière possession de sa vie ? Quel est le conseil de cœur qu'elle peut offrir à sa part blessée ?*

(*Silence très long.*)

M.-A. D. : *Est-ce possible que ce conseil soit trop intime pour les oiseaux du ciel ? Est-ce possible que même de toi à toi, ce conseil ne puisse exister ?*

(*Silence.*)

M.-A. D. : *Alors, retourne-toi un instant. Regarde la lune. Retourne-toi, écoute la rivière.*

Qu'as-tu à dire ? Quel conseil veux-tu offrir à ta part blessée ? Non pas pour la faire disparaître, elle ne disparaîtra pas, il n'y a pas de danger. Elle existera toujours, elle sera toujours la part blessée de toi. Mais, COMMENT PEUX-TU L'INVITER À VENIR AU CENTRE DE TOI ? À faire le chemin avec toi, sans te détourner de ton chemin. Mais au contraire, À PARTICIPER À TON CHEMIN.

Un conseil du cœur. Des fois, les parts blessées, c'est notre enfant intérieur, mais parfois aussi, c'est notre Grand-Mère intérieure. C'est cette Grand-Mère qui ne veut pas à tout prix porter le poids de certains choix. Par peur. LA VIE EST UNE AVENTURE. LA PEUR EST UN ARRÊT. Un arrêt sur image. Tu vas vivre quand même. Les peurs n'empêchent pas de vivre. Elles empêchent simplement d'être épanouie. Et dans ton cas particulier, elles t'empêchent de faire ta mission.

Je me culpabilise beaucoup. Je sais que ces peurs-là me nuisent.

M.-A. D. : *Parle-toi à toi.*

M'accueillir, m'aimer dans toutes les parts de moi. Me pardonner, accepter. Me remercier. L'inviter à faire autrement.

M.-A. D.: *Tout ça, tu le sais déjà. Qu'est-ce qu'il y a de nouveau aujourd'hui ? Qu'est-ce qui mérite ton attention dans ce scénario ? Où tu es au milieu de la toundra avec la lune, l'eau et le feu et ta compagnie ? Qu'est-ce que tu n'oses pas dire ?*

M'aimer...

Qu'est-ce que tu n'oses pas dire de peur de ne pas le faire ?

M'engager ?

T'engager à quoi ? Pourquoi ?

M'engager à réaliser ma mission, m'engager à m'aimer assez pour respecter mes besoins, libérer la peur de m'exprimer, m'engager à oser l'inconnu, m'engager à faire confiance.

De quoi as-tu besoin pour t'engager ? Qu'est-ce qui te fait peur dans l'engagement ?

De maintenir l'engagement, de ne pas faillir, d'avoir cette volonté-là... j'ai peur d'échouer. Ça demande du courage, de la foi, de la persévérance.

Est-ce que tu les as ?

Oui, oui.

Est-ce que tu as suffisamment de cœur pour toi pour accepter d'échouer ?

Hum... il y a une petite part en moi... ça fait partie d'une peur.

Est-ce qu'elle est si petite ?

Sûrement pas, car je pense que ma vie a été habitée par ça.

Est-ce que tu peux dire que ta vie a été exempte d'échecs ? Parce que tu as souhaité ne pas t'engager ?

Ça demande réflexion, non ? Ça dépend de ce qu'on nomme échec. Je pense que les choix que j'ai faits, les séparations, les... (je termine rarement mes phrases), *il n'y a pas d'échec comme tel. Ce sont des épreuves ou des défis. J'ai échoué. Oui, peut-être. À l'envol que je souhaiterais vivre... peut-être oui, par peur de l'engagement. Le déploiement, la peur de... je ne sais pas, parce que je porte en moi une vision assez grande.*

Cela serait un problème ?

J'ai de la difficulté à faire des petits pas. En fait, ce n'est pas vrai, j'avance... Le prochain pas est certainement de partager, de communiquer avec ma voix.

Ne t'éparpille pas. Nous t'aimons. Si nous sommes, si nous paraissons rigides, c'est parce que tu nous le demandes.

C'est sûr que j'ai besoin de sentir votre présence. Me sentir soutenue... (je pleure). *Merci... de me motiver.*

Dans ce que tu viens de nommer, tu as relativisé tes échecs ou tes bons coups, nous souhaitons seulement te faire ouvrir à ta conscience que l'un ou l'autre ne sont que le résultat de l'interprétation de cette réalité. Que ce n'est qu'une perspective, mais que cette seule perspective que tu déploies dans ta conscience t'empêche de voir les autres perspectives. Ce que tu appelles un échec le lundi peut très bien être un résultat magnifique le vendredi. Il est important que tu accueilles ta part blessée pour la voir comme une très, très grande force. C'est en quelque sorte elle et à cause d'elle que tu avances dans la conscience, mais peut-être est-il temps pour toi d'arrêter de souffrir.

Qu'as-tu à dire maintenant à cette part de toi ?

Je te remercie. Merci… on va faire chemin ensemble. Maintenant, ça ne vaut plus la peine de souffrir. Je t'aime profondément. J'ai envie vraiment qu'on se libère de ces peurs ensemble.

Nous croyons que… il est peut-être maintenant temps pour toi de lui enseigner. Elle t'a enseigné les dernières années. Les premiers pas dans le chemin de ta mission de vie sont peut-être d'enseigner à cette part de toi, tout ce que tu as compris. Montre-lui par tes gestes, par tes pensées, par ta bienveillance, montre-lui comment faire. PRENDS-LA SOUS TON AILE. Ne rejette pas cette part de toi, elle détient une grande partie de l'expérience et de la connaissance de ce que tu dois enseigner. Tu ne peux pas, tu ne dois pas couper. Tu dois accueillir, être bienveillante. Ce sont les autres liens que tu dois couper. Se choisir comme disait Marc-Antoine hier avec l'expérience de sa fille, c'est choisir la vie, ce n'est pas choisir un morceau de la vie, c'est choisir LA vie. SA VIE.

Choisir sa vie chaque matin. Chaque moment. Choisir son alimentation, faire son épicerie. Faire son épicerie, c'est aussi faire son épicerie dans nos activités. Dans ce qui nous fait du bien, ce qu'on ne veut pas dans le garde-manger, on ne le prend pas, on ne l'amène pas à la maison. Tu n'aimes pas la viande, tu ne la prends pas, tu ne l'amènes pas à la maison. Tu n'aimes pas le conflit, tu ne le prends pas, tu ne l'amènes pas à la maison. La maison, c'est toi. C'est toi la maison. C'est ta réalité. C'est ta réalité. C'est toi qui la crées, cette réalité-là. Tout ce que tu décides d'être, tout ce que tu choisis, tant que tu choisis que ta part blessée est plus importante que ta part déployée, ta vie sera arrêtée sur cet obstacle.

Et la générosité de la vie va t'amener de plus grands défis. De plus grandes blessures, de plus grandes souffrances pour que tu choisisses comme le Christ sur la croix de prendre toutes les blessures du monde pour ressusciter. Mais personne ne te demande ça. Seulement toi, mais si c'est ton choix, si et seulement si c'est ton choix, tu n'as plus le droit de te plaindre parce que c'est ton choix conscient, assumé. Il y a des missions humaines, divines, dont c'est le choix. Les Mère Teresa, Gilles Kègle de ce monde.

Mais nous croyons que ta mission, ce n'est pas celle-là. Ta mission, ce n'est pas celle-là. Tu connais ta mission. Ta mission n'est pas nécessairement dans la joie car quand tu vas accompagner des gens, ton empathie va te bouleverser, te faire grandir, ouvrir de nouvelles portes, rencontrer de nouvelles ombres que tu as, de là l'importance de faire copain-copain avec ta part blessée parce qu'elle pourra t'enseigner à ce moment. Et ta mission est aussi d'ouvrir les cœurs, de faire du bien, par tes paroles, par tes écrits, par tes rires. Ne t'éparpille plus.

Merci…

Ne t'éparpille plus.

Est-ce que tu vois maintenant que l'engagement auquel tu devais faire référence est l'engagement d'une solidarité bienveillante avec ta part blessée. Au cœur de ta peur, c'est l'engagement de vivre pour ton âme, avec ta part blessée et ce n'est que comme ça, qu'avec elle, que tu pourras faire UN AVEC LE TOUT. Et plus encore, L'UNITÉ TOTALE SE FERA AVEC DIEU. C'est la Sainte Trinité. LA SAINTE TRINITÉ. LE CHEMIN DE TA VOIE D'ÉVEIL.

Est-ce que vous me permettez de partager les enseignements que je reçois ?

Tu as la liberté, tu es libre de tout!

Nous allions te dire d'être vigilante à l'orgueil, mais nous allons te dire d'être vigilante au bonheur, si cela t'apporte un vrai bonheur, il serait idiot de ne pas le faire. Il serait inconséquent dans ton chemin de ne pas le faire.

Merci d'être là.

Nous sommes toujours là. Pour te faire rire, nous sommes assis avec ton ombre. Quand tu l'accueilles, tu nous accueilles. Mais c'est pour te faire rire. Nous sommes toujours là.

On rentre à la maison (rires).

Marc-Antoine m'arrête un instant, au retour à la maison :

Marie Anne, c'est important que tu prennes soin d'accueillir ces paroles, cette conscience, ça demande aussi du temps et de la bienveillance. On ne peut se transformer instantanément, car la conscience doit descendre dans le corps, doit moduler le corps, doit transformer le corps. La conscience, c'est un tout. Ça doit être habité comme une texture, comme un muscle. Il faut être vigilant à repérer tes mécanismes d'éparpillement, de fuite, de peur et de dire NON*, ça suffit. Vraiment, violemment. Comme quand on arrête de fumer, de boire. Tu vis avec tes mécanismes, une addiction, et tu dois être vigilante et bienveillante. Chaque jour. Et rien ne pourra se transformer tant que tu ne seras pas l'alliée de ton ombre.*

D'accord ?

C'est super… merci.

✦ Avril à novembre 2021

En avril, je prépare la peau du chevreuil de mon nouveau tambour. Un chevreuil mâle venant de notre Terre. Je fais naître mon bébé tambour au printemps, un nouveau battement de cœur. Je retourne vers le fleuve vivre le rituel de la hutte de sudation chez mes amis Sonia et Stéphane, je suis accompagnée par l'esprit du serpent (mue, changement de peau, transformation). Je prends soin de moi, le printemps s'installe, je me sens renaître.

Mon Soleil est sorti du centre jeunesse en juin. Elle y a vécu un passage important. On a reconnu chez elle une leader positive auprès de ses camarades. Et je suis extrêmement fière d'elle. Elle a su s'adapter, on lui a offert un environnement et des méthodes d'apprentissage qui lui convenaient, elle y a vécu beaucoup de beaux moments en groupe et cela lui a permis de cheminer. Je la sens bien à sa sortie. Elle vit chez mes parents tout l'été, son père n'étant pas en mesure de l'avoir avec elle. La relation entre elle et moi est toujours fragile. Mon Soleil est triste de ne pas vivre avec sa sœur, qui continue de vivre seule dans la maison de son père. Mes finances ne me permettent pas de louer un lieu temporaire pour l'été. Malheureusement, ce retour créera chez elle de l'isolement, ayant perdu contact avec ses amis, elle vivra finalement un été difficile.

En juin, je m'occupe de ma Lune, je viens l'accompagner une semaine, je constate à quel point sa santé est préoccupante. J'en suis ébranlée. Je consulte une homéopathe, lui prépare de bons repas, je n'ai jamais été aussi heureuse d'entendre griller des saucisses dans la poêle, de préparer un couscous pour mon enfant. Elle avait oublié ce que c'était que des légumes ! Je prends soin d'elle, m'assure qu'elle vive une belle fin d'année. Je mets en place un petit goûter pour son bal de finissante, décore la maison de son père toujours en chantier. Elle retrouve le sourire quelques instants.

Durant cet été, j'érige un tipi sur notre Terre, je fais des ménages et deviens serveuse pour gagner un peu d'argent. Je vais me retirer à la villa Sainte-Scholastique de Saint-Benoît-du-Lac, un lieu magnifique près de l'abbaye où les sœurs m'accueillent les bras et le cœur grands ouverts malgré la pandémie. Ce sont des moments bénis où j'arrive à me ressourcer, à écouter mon cœur.

À la fin de l'été, mes filles déménagent à nouveau. La maison de leur père est vendue, ma Lune vivra en appartement à Limoilou avec des colocataires, mon Soleil ira avec son père et sa nouvelle conjointe près de Lévis, où elle intégrera une nouvelle école. Je m'occupe de leurs déménagements et de leur intégration scolaire.

Le jour de l'anniversaire de mon Soleil à la fin août, je n'ai pas de nouvelles. Elle reste silencieuse à la suite de mes vœux d'anniversaire, les photos et vidéos de son enfance que je lui envoie. Je suis impuissante et triste. Je ne comprends toujours pas ce refus, ce rejet.

Je commence en septembre un nouveau travail à Sherbrooke, comme agente aux communications. À peine un mois suis-je à ce poste qu'une nouvelle vague se présente.

L'intégration de mon Soleil à sa nouvelle école qui compte plus de mille élèves est difficile. Elle ne connaît personne et cela la rend extrêmement anxieuse. Elle vit un profond mal de vivre. En perte de repères, sa détresse et les comportements qui en résultent sont préoccupants. Son père ne sait pas comment gérer tout ça et l'école s'inquiète.

Je revis une dépression : arrêt de travail forcé durant un mois pour prendre soin de moi. Je n'ai pas le choix, je dois mettre mes limites et faire confiance. Je ne peux plus porter le poids de ces responsabilités, inquiétudes. Ce mois est salutaire. Je coupe toute communication toxique, je me priorise réellement, j'ai enfin un diagnostic médical et pour une fois l'acceptation et la reconnaissance de mes besoins de santé par l'entourage. J'ai besoin de prendre soin de moi. Durant ce mois, je contacte une psychologue avec qui j'aurai des rencontres hebdomadaires. Cela m'offre un regard doux envers moi. Je m'offre une semaine de retraite en forêt, je dors, je n'ai rien dans l'agenda… ma santé s'améliore rapidement. Ma Lune vient passer une semaine avec moi. J'ai l'impression de rattraper le temps perdu lors de cette douce semaine. Je reviens au travail. Peu de temps après mon retour, la fatigue s'installe à nouveau. Je n'arrive pas à me concentrer et à répondre aux demandes.

✦ 18 décembre 2021

Les pensées geôlières

« Plus le matériau est dur, plus il demande de la tendresse. »

Marc-Antoine a eu l'information un soir de cette semaine de me traiter à cinq reprises, cinq jours de suite.

M.-A. D.: *C'est comme si chacun de tes os était un barreau de prison.*

Les barreaux de ta prison.
On va les laisser trouver leur liberté.

Travailler dans les os, ça demande du temps. Ça demande de la tendresse. Plus le matériau est dur, plus il demande de la tendresse.

S'offrir de la tendresse. Tes os ont différentes fonctions. Mais ils ont appris à vouloir protéger et sont devenus une prison qui protège l'intérieur et qui empêche la relation avec toi. Ouvrir doucement, tranquillement et faire autrement. Il ne s'agit pas de transformer une attitude pour une autre. Il faut accueillir dans tes os, dans le bassin, relâcher les hanches. Toucher à la vie ancienne, toucher aux prémices de la vie avant la formation des os. Alors que la vie circulait. Toucher à la vie, goûter la vie dans les cellules. Retrouver la liberté dans les cellules des os, d'abord du bassin, dans les os de la jambe gauche, du fémur, laisser la vie circuler dans les os.

La vie comme des milliers de fourmis dans ton pied. Chaque os de ton pied qui s'éveille. Les os endormis d'une trop longue attente. Les os calcifiés qui cherchent à reprendre vie, à retransmettre la vie. Les os du pied gauche qui s'éveillent. Au bout des orteils, chacun des doigts de pied qui s'éveille sans bouger. Qui s'éveille de l'intérieur d'un sommeil millénaire.

Tes pieds, tes orteils, tes os du pied gauche qui entrent en empathie avec ton pied droit pour quitter leur rôle de prisonnier. Pour éveiller la vie. Les os qui se parlent, qui échangent. Les os pleins de tendresse. Les os qui aiment, qui espèrent. Les os qui glissent comme des enfants dans la neige. Les os qui glissent tendrement. Des os qui s'accompagnent comme s'ils se tendaient la main. Des os qui deviennent moelleux, la qualité de la moelle qui prend vie, qui s'illumine, qui colore ton intérieur. Des os qui abandonnent un ancien rôle.

Ta jambe droite bien volontaire qui s'engage à apprendre à faire autrement. À quitter la rigidité du bassin pour apprendre une danse, une libre danse. Des articulations de ton bassin, de ton fémur, qui se reconnaissent et qui s'apprécient. L'un enveloppe l'autre. Ton bassin enveloppe le fémur. Et le fémur caresse ton bassin. Aucune prison n'est nécessaire. Libres, libres… l'un envers l'autre. Libres l'un pour l'autre. Partenaires de vie. Ton bassin se libère aussi de ta colonne vertébrale, se libère du poids que tu fais porter à ta vie. Tes pensées construisent ta prison, tes pensées ordonnent ta prison.

Tes pensées sont inscrites dans chacune des vertèbres de ta colonne comme les tables de la loi, les chapitres de loi. Il faut renouveler ton codex. Mettre de l'ordre pour que la vie s'écoule, te traverse, pénètre chacun de tes os, chacune des vertèbres.

Que la mobilité revienne dans ton coccyx, jointure de la colonne et du bassin. Remettre de la vie, laisser la vie circuler dans ton coccyx, un tout petit os, on le croit insignifiant. Mais il régule, comme un juge, nos intentions. Libre, libre d'être aimé, libre d'être bougé.

À ses côtés, les vertèbres sacrées, le sacrum. Les idées sacrées qui ont besoin de bouger, qui ont besoin de vitalité, d'être nourries par la vie, comme un fleuve qui coule, qui déborde, qui inonde ton territoire sacré. Un fleuve qui cherche à nourrir le paysage.

Les dorsales. Les dorsales courbées vers l'intérieur doivent reprendre leur place vers l'extérieur. Laisser les lombaires nourrir l'intérieur, les dorsales se nourrir de l'extérieur. Faire le dos rond face à la vie qui cherche son chemin. Pas le chemin d'hier, pas le chemin d'avant-hier, le chemin d'aujourd'hui.

Donner de la liberté à mes os. Les os deviennent libres de participer à ma vie non pas comme les gardiens d'une prison, mais comme le soutien nécessaire au déploiement, au déploiement de mon cœur, de mon être, de ma parole, de mon amour. LA SOUFFRANCE CRISTALLISE, CALCIFIE, ENDORT LA VIE. *Il faut réveiller la vie dans les os, la matrice, la conscience profonde de l'être. L'intimité reliée.*

La cage thoracique; la prison des émotions. Et aussi la caisse de résonance de l'amour qui amplifie les mouvements du cœur. Choisir la perspective. S'engager dans la perspective de reconnaître les mouvements du cœur. CAGE THORACIQUE OU CAISSE DE RÉSONANCE DU CŒUR ? Est-ce qu'on veut être porteur d'une cage ou de la résonance du cœur ?

On la libère. On libère la cage. On libère des émotions contenues, prisonnières de la cage. On en fait la raison, on en fait des résonances qui amplifient l'amour du cœur, qui amplifient la joie de l'être, qui amplifient la VIE dans les os. La vie dans les viscères, la vie dans le bassin. On la rend libre d'aller où elle veut, quand elle veut, libre de son chemin, dégagée de son histoire, pas pour toujours, mais pour suffisamment de temps pour que se renouvelle la perspective de sa vie. Cesser de prendre en soi les douleurs du monde, les souffrances du monde. Cesser de garder dans sa prison les souffrances du monde. Les sacrifices sont inutiles sauf pour rendre compte de l'importance de laisser la vie se déployer en soi comme une fête à chaque instant, à chaque moment. La vie passe. La vie s'écoule merveilleusement dans chacune de mes cellules. Dans chacun de mes bonheurs, dans chacune de mes pensées, il suffit d'être vigilante à maintenir la communication, la syntonisation, comme un poste de radio. De sentir la vie en soi, d'écouter la vie en soi. D'écouter comment elle nous parle, comment elle nous accompagne, comment elle nous veut du bien. Comment elle est douce, infiniment tendre.

Elle s'éveille partout en nous. Dans notre joie, dans notre bassin, dans notre féminin, elle s'éveille dans les os des cuisses, de mon bassin, les os, jusque dans mon épaule, mon épaule gauche qui laisse entrer l'information. L'information divine. L'épaule droite. Plus volontaire. Moins libre. Qui accepte, qui accueille, qui accueille sa rigidité.

Les viscères qui glissent l'un sur l'autre, dans des mouvements tendres, harmonieux. Qui se relâchent. Les viscères pleins de vitalité, de désir, qui font le ménage de ces vieilles émotions inscrites sur les parois. On se libère. On les laisse devenir comme des tableaux vierges où la connaissance du jour peut venir s'inscrire. Devenir vierges comme l'enfant, la jeune, l'enfant heureuse, l'enfant du bonheur. Apprendre à devenir une enfant, à accueillir l'enfant en soi. L'enfant qui est libre de toute inscription, de toute histoire. L'enfant qui fait confiance non pas au visible, mais à l'invisible de son être, de ses intuitions, de son bonheur, de sa grande joie. L'enfant de l'émerveillement, l'enfant qui caresse les fleurs, l'enfant qui s'émerveille des ruisseaux, des grenouilles, des oiseaux. L'enfant de la sagesse, l'enfant qui découvre son corps, l'enfant qui aime son corps, parce qu'il lui permet de faire tout ce qu'il veut. L'enfant qui s'aime, profondément. L'enfant qui caresse l'intérieur de ses os avec sa main d'enfant. Avec sa main sale pleine de terre, pleine de joie. Qui est heureuse de partager.

L'enfant de la lumière, qui voit de la lumière en lui. Au plus profond de lui.

Tout reprend de la mobilité, tout reprend de la liberté.

Ton bassin redevient mobile et retrouve sa joie. Toutes les orientations sont possibles. Toutes les idées sont bonnes. Être vigilant à syntoniser la vie en soi. Syntoniser ce que la vie souhaite pour nous. Comme les os peuvent être des prisons, des barreaux de prison, les os peuvent aussi devenir des éléments de résonance infiniment puissants qui font vibrer la vie, qui font vibrer la vie en soi et au-delà de soi. Dans nos écrits, dans nos pensées, dans les soins que l'on offre à l'autre. Laisser la vie couler d'abord comme une lave chaude tranquille. Puis comme un fleuve nourrissant. Un mouvement fluide, un mouvement de l'Univers qui nous traverse, qui nous nourrit.

Mettre de côté tous les « il faut » pour seulement être. Seulement, seulement être.

La vie monte aussi dans les vertèbres cervicales. La vie a aussi besoin de notre intelligence, de notre curiosité, de notre émerveillement. La vie n'a rien à faire de notre reconnaissance. La vie a besoin de grandir en nous. Elle a besoin de notre travail de libération. De libération de tous nos a priori, *nos jugements, nos croyances. La vie a besoin qu'on se libère de nos barreaux, de nos prisons. La vie a besoin d'être libre en nous, pour se propager, pour s'intensifier, pour couler comme un fleuve nourrissant. Arrêter de mettre des barrières. De créer nos barrières. Chaque os de notre crâne est une barrière, si on ne le laisse pas vibrer à l'unisson. Vibrer à la même tonalité que notre cœur, que nos viscères, que notre bassin, que notre tête soit libre... que les os de notre tête soient libres comme les os de notre pied. Chaque os glissant l'un sur l'autre. Non pas pour protéger notre cerveau, mais plutôt pour amplifier, faire vibrer nos pensées de vie. Nos pensées de joie. Notre lumière. Il ne faut pas changer la nature des choses. Il s'agit de la reconnaître. Devenir un. C'est aussi passer de l'état de prison, de souffrance, à l'état de grâce.*

Remercier le chemin qui a été choisi pour nous. Remercier infiniment non seulement avec l'essence, mais avec reconnaissance et bonté. Remercier notre chemin. Notre vie. Honorer qui nous sommes. Honorer son chemin. Honorer au plus profond de soi et encore plus loin dans le plus profond du plus profond que nous connaissons, se cache encore plus loin un espoir, un désir, notre vie qui nous appelle à grandir, à devenir qui nous devons être. À cesser d'écouter ceux qui n'ont pas accès à leur vie et écouter LA VIE. Écouter LA VIE. Être en dialogue avec la vie. ÊTRE EN DIALOGUE AVEC SA VIE.

Marc-Antoine prend mes mains et m'invite à caresser ma cage thoracique doucement.

M.-A. D.: *Transforme ta cage en résonance. Il n'y a aucune honte à t'aimer.*
Doucement... Apprécie chacune de ces caresses. Doucement, doucement. Libre. Pleine de vie.

✦ 19 décembre 2021

J'apprends récemment que la situation entre le père de mes filles et sa conjointe est critique. Des changements risquent de se présenter.

Dés de la destinée: *482 (autorité).*
Carte du fou: *Le fou fidèle inversé (Avoir la foi).*
Tarot de Marseille:

Mon enjeu : exprimer ma vérité, faire face à l'adversité.
Ce que j'ai à transformer : l'Ermite : isolement.
Le moyen : le Fou : expression, communication, voyage.
Pour résultat : l'Étoile : amour inconditionnel, générosité.

Le don de l'épreuve

« Malgré la violence des hommes, la Terre demeure toujours généreuse. »

M.-A. D.: *On va prendre le temps de se déposer. Se déposer dans ses os.*

Il existe quelque part dans les os un champ fleuri. Un champ complètement fleuri à flanc de montagne. Il existe des collines abruptes. Des ruisseaux, des ruisseaux d'eau cristalline. Au cœur de mes os, des paysages remplis d'un monde invisible de fées, d'un monde d'animaux, d'un monde de connaissances, d'un monde de musique, un monde de joie. Il existe dans mes os un univers, des étoiles, des galaxies. Il existe la sagesse d'un monde où la foi domine.

Un monde où la vie s'exprime. Au cœur de mes os, dans mes fémurs, dans mes mains, dans les os du crâne, la douceur, la délicatesse. Accepter la vie, accepter d'accueillir. Non pas comme une épreuve, comme un don. Un don pour nous aider à nous révéler. Transformer nos peurs pour transformer nos impuissances.

Combattre, c'est offrir à l'autre de la résistance. S'engager pour sa propre vie, c'est s'offrir la force de la vulnérabilité. Accueillir le réel. Prendre soin de la vie dans mes os. Laisser couler la vie dans mes os comme une source. Exprimer sa vérité sans revendication. ÉTABLIR DES FRONTIÈRES. Des frontières comme il en existe dans le corps. Des frontières comme la différence entre l'os et le muscle. Des frontières entre le sang et les artères. Entre l'intérieur et l'extérieur. Des frontières pour éclairer la vérité. Accueillir dans le précieux de tes os, le don de vie. Pardonner, PAR-DONNER, véritablement ses choix, pardonner ses écueils, libérer la vérité par pardon. PAR LE PARDON DE SOI À SOI. Aller au-delà, oser aller au-delà du connu. Dans des univers plus grands, plus aimants, moins durs. Accepter d'aimer, accepter de s'aimer, s'engager à s'aimer au-delà de tout.

Se choisir (*autre voix*).

S'engager à chaque minute, chaque seconde, s'engager dans sa vie, s'engager à réaliser cette vie contre toute attente, contre toute difficulté. La rendre heureuse, mélodique, harmonieuse. Faire de sa vie un exemple de courage, de bonheur, de réalité. Accepter d'écouter, réfléchir, fléchir devant la vie. Obéir, ne jamais douter. Libérer les os, libérer les prisons ouvertes, libérer les prisonniers, libérer le cœur. Libérer la vie. S'engager à faire fleurir la plus petite graine, la plus petite semence. Jardiner son cœur, le rendre fertile à tous. Tous. Croire que le vent amènera la bonne graine. Ne jamais douter. Ne jamais douter.

(*Je pleure.*)

Devenir sa vie. Marcher son chemin avec fierté, avec dignité. Arrêter de laisser le pouvoir à l'autre. DONNER LE POUVOIR À DIEU. Toujours. Pour guérir ses blessures. Offrir ses peurs à Dieu pour les transformer, pour les libérer. Devenir quelqu'un d'autre, laisser émerger la chrysalide. Arrêter de croire que le chemin est tracé. Que la vie est difficile. Apprécier la beauté du monde. Apprécier la joie. Apprécier le bonheur.

Rencontrer l'ours en soi. Laisser vivre le loup, l'aigle, laisser vivre la mouche, le serpent, laisser vivre les arbres, les pommes, les fruits. Apprécier la générosité de la vie. Apprendre de la sagesse de la Terre qui, malgré la violence des hommes, demeure toujours généreuse. Laisser la vie couler dans les os. Relier les os entre eux. Les ruisseaux, les rivières, des rivières de vie. Rejoindre les rivières de vie autour de nous par notre esprit, par notre volonté, par notre ressenti. Éduquer sa vie, apercevoir le beau. Apercevoir la vie chez l'autre. Apercevoir la vérité chez l'autre.

Prier non pas pour demander, prier pour honorer, remercier. Se libérer pour pardonner, chacun de nos moments d'égarement. Prier, honorer, rendre grâce. Vivre au présent.

Chercher à être meilleur. Être meilleur, c'est laisser de moins en moins d'obstacles en soi (autre voix)*, c'est laisser le lit de sa rivière lisse pour que l'eau s'écoule facilement. Pour qu'il n'y ait pas d'embâcle, que les champs soient irrigués, que les fleuves soient nourrissants, que les terres soient fertiles pour accueillir les semences de Dieu. Pour offrir son corps à la floraison divine. Devenir le parfum, transmettre le parfum de Dieu. Parce que ses fleurs poussent en nous. Changer de regard.* Pardonner, être humble. Accepter, accepter… toujours un peu plus. Non pas par soumission, mais par amour. *Toujours plus d'amour. Toujours plus de vie. Toujours plus de nouvelles rencontres, de nouveaux possibles. De nouvelles perspectives. Toujours plus de création, de pardon, de joie, de bonheur. Libérer la vérité en soi, cette vérité qui est la vie. Libérer la vie en soi.*

La vie dans ton bassin, la vie dans tes fémurs, la vie comme un courant électrique, comme une lumière qui éclaire l'intérieur. La vie qui colore les choses, les êtres, la vie qui fait grandir l'invisible, le visible. La lumière qui traverse les barreaux de la cage. Ne jamais douter. Se poser dans ses os comme les racines d'un arbre dans la terre. Se poser dans ses os. Devenir lourde, forte, puissante, devenir soi. Marcher avec Dieu comme général de mission. Ne plus douter. Être dans sa vérité. Devenir la vérité. Pas par la colère. Devenir la vérité par l'exemple. Par l'assumation. Être vraie. Aller dans les os, profondément dans les os. S'enraciner dans ses os.

✦ 20 décembre 2021

Mon Soleil m'appelle à 14 heures : « Papa vient de se faire "crisser[38]" dehors. »

Ses bagages sont tous prêts. Ma fille dit qu'elle est habituée à se faire trimbaler partout. Elle me dit qu'elle commençait à s'habituer au logement, à avoir des amis à son école. Je sens le tremblement dans sa voix, je suis contente qu'elle m'ait appelée pour la première fois depuis un an.

Son père me rappelle cinq minutes plus tard : « C'est fini ! On est sortis... ! On s'en va chez ma sœur !, les larmes dans sa voix, il me dit, je te redonne des nouvelles, je te tiens au courant. »

Ils se retrouvent tous les deux dehors à la veille de Noël, chassés de leur appartement par sa conjointe. Face à cette nouvelle situation, je mets en branle un processus d'urgence pour reprendre la garde des filles. Tout se passe rapidement. Une solidarité naît de cette épreuve.

J'accueille.

38. En québécois : mettre dehors, être jeté hors de chez soi.

À la suite de cet événement, Marc-Antoine a l'intuition de m'offrir un soin les trois jours qui suivront.

✦ 20 décembre 2021

Humilité face à la vie

« Laisse la vie se faire. »

(*Musique amérindienne, flûte de pan.*)

M.-A. D. : *On va descendre et on va faire un parcours. Spontanément, quel animal est avec toi ?*

J'ai pensé au tigre.

M.-A. D. : *Alors nous allons emprunter les yeux du tigre. Nous allons ressentir dans notre poitrine le cœur du tigre. Nous allons ressentir sur notre peau la fourrure qui nous enveloppe, qui nous réchauffe. Nous allons méditer comme un tigre. Et nous allons descendre dans notre jungle. À l'intérieur même de notre jungle, qu'est-ce qui se passe pour toi ?*

Je suis aux aguets. Je marche tranquillement dans la forêt.

M.-A. D.: *Quelle est la sensation de la Terre sur tes pieds?*

C'est humide, froid.

M.-A. D.: *Est-ce que ça sent quelque chose?*

Ça sent comme après la pluie. L'odeur de la Terre, l'eau qui s'évapore, la chaleur.

M.-A. D.: *De quoi est-ce que ça t'informe? Ça te dit quoi?*

C'est très vivant. Ce n'est pas une Terre qui est sèche, c'est une Terre qui est nourrie, arrosée. L'eau qui donne la vie. Comme le ventre d'une mère.

M.-A. D.: *Le tigre que tu es devient tout petit dans son environnement. Minuscule. Plus petit encore qu'une fourmi. Il se fait un chemin dans la Terre, dans cette Terre nourricière. Laisse-le descendre. Laisse-le descendre dans le ventre de cette Terre nourricière. Que rencontre-t-il?*

Un serpent.

M.-A. D.: *De quelle couleur?*

Jaune pâle.

M.-A. D.: *Est-il agressif, calme?*

Non.

M.-A. D.: *Est-ce qu'ils se connaissent ou non ?*

Non.

Le serpent se demande ce qu'il fait là. Il l'observe, l'entoure. Le serpent est plus grand que le tigre.

M.-A. D.: *Est-ce que tu connais les intentions du tigre ?*

Non. Il me semble disparaître.

M.-A. D.: *Est-ce que tu connais les intentions du serpent ?*

Le serpent veille sur son territoire. Il est curieux, il flaire. Il n'est pas menaçant mais il montre une curiosité qui fait voir qu'il est chez lui. Le tigre s'assoit. Il n'a pas peur.

M.-A. D.: *Est-ce que tu connais le dialogue entre les deux ?*

Le serpent semble demander au tigre : « Que cherches-tu ? » Le tigre répond : « Une voie nouvelle. »

M.-A. D.: *Il demeure assis ou il se relève ?*

Ils se font face, assis. Le tigre semble demander au serpent de lui enseigner une nouvelle voie.

M.-A. D.: *Que représente le serpent chez toi ?*

Je vois le féminin. L'insondable. La force. L'adaptabilité, le camouflage.

M.-A. D.: *Qu'est-ce que le tigre apprend au contact du serpent?*

Le calme et une force tranquille. Je dirais même que les deux peuvent se ressembler dans leur caractère. L'un vit sur Terre, l'autre sous Terre. Ce que le serpent peut venir enseigner au tigre… c'est d'aller dans les profondeurs de soi.

M.-A. D.: *Quels sont les attributs du tigre et du serpent? Qu'est-ce que le serpent enseigne au tigre? Par son attitude, sa manière de combattre, de fuir… Qu'est-ce que le serpent peut enseigner au tigre?*

J'ai l'impression qu'ils ont des qualités similaires, mais c'est le calme, l'assurance, la rapidité d'action, la mobilité. Le serpent fait corps avec la Terre.

M.-A. D.: *L'un a des membres et l'autre n'en a pas.*

Il épouse la Terre complètement.

M.-A. D.: *Qu'est-ce que le tigre enseigne au serpent?*

Une certaine prestance, nonchalance. Une présence. Une force.

M.-A. D.: *Les qualités que tu nommes pour l'un et pour l'autre, sont-elles innées par leur forme physique? Ou sont-elles issues de leur volonté?*

Je dirais que l'un va avec l'autre mais c'est sûrement davantage de leur volonté.

M.-A. D. : *Quelle est la volonté du serpent qui enseigne au tigre ? Quel est le secret du serpent que le tigre ignore ? Qu'est-ce que le tigre est venu cueillir dans les profondeurs de la Terre ?*

J'allais dire qu'il puise la force de la Terre, mais la transformation me parle aussi.

M.-A. D. : *Les deux. Peux-tu développer les deux ? La transformation de quoi ?*

On parle de la mue, du serpent qui change de peau et se régénère. Ça fait partie du cycle naturel de l'évolution. La transformation, la régénérescence, faire peau neuve, se renouveler.

M.-A. D. : *Le tigre, fort de cette connaissance nouvelle pour lui, poursuit son chemin. Poursuit sa route. Il arrive à la rencontre de quoi, de qui ?*

Je vois un arbre, sur lequel sont posés plein de papillons.

M.-A. D. : *Quel est l'état de son cœur ? Il bat rapidement, lentement, bat la chamade. Heureux, triste ?*

Heureux.

M.-A. D. : *Qu'est-ce que le papillon enseigne au tigre ?*

La joie, la légèreté, savourer la vie parce qu'elle passe très vite. Il n'y a pas de poids à porter sur son dos. C'est aussi la transformation, comme le serpent.

M.-A. D.: *Qu'est-ce que le tigre apprend au papillon?*

J'ai l'impression que le tigre prend soin de la Terre, des générations, de ses enfants. Il est une forme de protecteur de la vie.

M.-A. D.: *Il réussit à faire ça seul?*

Bien sûr que non.

M.-A. D.: *Pourquoi en es-tu sûre? Ce n'est pas possible de faire ça seul?*

Protéger la vie?

M.-A. D.: *Hum hum...*

Plusieurs êtres sur Terre ont ce rôle-là. Chacun seul peut veiller à l'incarner et à le mettre en pratique, mais il a besoin des éléments, d'être en interrelation avec l'eau, l'air, la terre, le feu, il a besoin de se nourrir pour protéger.

M.-A. D.: *Qu'est-ce qui réjouit le tigre à la vue du papillon?*

La vie peut être si simple, si légère. Si douce.

M.-A. D.: *Le tigre poursuit son chemin. Il fait une nouvelle rencontre. Qui rencontre-t-il?*

Je vois la souris. Au début l'opossum, mais je ne connais pas beaucoup cet animal, la souris.

M.-A. D. : *Quel est l'état de son cœur ?*

Il est bien, heureux. La souris n'est pas menaçante du tout. Comme un enfant. Un petit être inoffensif.

M.-A. D. : *Qu'est-ce que la souris est venue apprendre au tigre ?*

Je la vois aller partout, très affairée. Toujours en mouvement. Il n'y a pas beaucoup de limites, pas de frontières. Elle fait sa place, elle trouve sa place un peu partout. Souris (rires). *Elle me dit « souris à la vie ».*

M.-A. D. : *Qu'est-ce que le tigre apprend à la souris ?*

J'ai le mot protection. *Je le vois protéger son territoire. Je le vois être menaçant, mais pour protéger. De ne pas avoir peur.*

M.-A. D. : *Un grand feu éclaire le tigre. Un grand feu éclaire le tigre… Quel est l'état de son cœur ?*

Il bat très fort.

M.-A. D. : *Quel est son sentiment ?*

Il aime ça.

M.-A. D. : *Qu'est-ce qu'il aime ?*

La puissance, ça lui ressemble.

M.-A. D.: *Qu'est-ce que le feu enseigne ?*

Ça se bouscule dans ma tête. Je ne sais pas trop... Le feu peut réchauffer, le feu nourrit, nous permet de vivre, mais il peut aussi détruire. La destruction n'amène pas à la mort nécessairement. La puissance du feu varie selon la façon dont on s'en sert ou qu'on l'utilise.

M.-A. D.: *La puissance de la transformation ?*

Oui.

M.-A. D.: *Qu'est-ce que le tigre est venu apprendre au feu ?*

L'importance de préserver la vie. Non. C'est comme si j'avais l'impression qu'on n'a rien à apprendre au feu. Je ne sais pas.

M.-A. D.: *Alors on poursuit. Le tigre poursuit son chemin, il ressort de la Terre. Il fait une dernière rencontre. Quelle rencontre ?*

Une grue. Un grand oiseau blanc.

M.-A. D.: *Comment est son cœur ?*

Une forme de tristesse ou de reconnaissance. Il s'incline devant la beauté de l'oiseau, sa présence.

M.-A. D.: *Qu'est-ce que la grue est venue apprendre au tigre ?*

La migration. C'est l'appel du cœur vers les migrations nécessaires. L'importance de migrer, pour maintenir une santé, entretenir l'équilibre de la vie aussi. Et que la vue des airs est magnifique et nous offre d'autres perspectives. C'est encore une fois l'air qui nous porte. Se laisser porter.

M.-A. D. : *Qu'est-ce que le tigre est venu apprendre à l'oiseau ?*

J'ai l'impression que le tigre est très humble, qu'il a tout à apprendre. L'humilité.

M.-A. D. : *Il ne suffit pas d'être grand et fort.*

Humm...

M.-A. D. : *Il ne suffit pas d'avoir une prestance. Chacun a sa place. Chacun a sa vie. Chacun vit ses transformations à son rythme. Vouloir devancer, précéder, retarder la transformation des autres, c'est une erreur dans le cycle de la vie. Il faut laisser la vie se faire. Laisser la vie s'écouler, la vie se transformer. Devenir... c'est ça la vie en fait, de devenir la vie, parce que ça bouge, mais selon des rythmes particuliers à chacun.*

Hum hum... (J'acquiesce.)

M.-A. D. : *Ne jamais désespérer.*
Comment est ton cœur maintenant ?

Il est apaisé devant cette vérité. Je comprends par les images de beaucoup de choses pour ma vie.

M.-A. D. : *Ce sera assez pour ce soir, je pense.*

Merci.

— Troisième étape —

LÉVIS – *se lever*

Retour – engagement – accueil

✦ Janvier – décembre 2022

- organisation nouvelle ;
- retour auprès des filles ;
- engagement envers moi ;
- accueil et détachement ;
- faire autrement.

À la fin de l'année, à nouveau, je prends la situation en main, et je suis animée d'une grande force. Je convoque un conseil de famille pour discuter de la situation et expliquer mon intention, celle de revenir auprès des filles. Je vois si ça convient à tout le monde, tout en posant mes limites et nommant mes intentions. Je vais m'installer à Lévis et je reprends la garde des enfants.

Dans ce processus d'urgence, je vois comme tout se met en place divinement. Je me sens prête pour ce retour auprès des filles, même si Marc-Antoine craint pour moi. Je contacte mon amie Karine qui habite justement à Lévis avec ses deux filles. Elle m'apprend qu'elle déménage sous peu et me laissera son appartement situé à quelques pas de l'école de mon Soleil.

Je redouble d'efforts et je retrouve la joie du retour. Reprendre la situation en main, rassembler les morceaux, combler mes besoins et ceux de mes enfants me réconforte. Le besoin de remettre de l'ordre dans notre vie et de stabiliser notre environnement me propulse.

Jusqu'à la mi-mars, je fais trois déménagements : le mien et celui des filles. J'informe mon employeur qui me permet de travailler à distance.

Je vis temporairement dans un sous-sol avec mon Soleil durant deux semaines, avant d'emménager dans notre nouvel appartement. Elle ne se sent pas bien dans ce lieu et moi non plus. Les premiers jours, nous sommes confrontées à réapprendre à vivre ensemble et cela ne se fait pas aisément. Malgré tout, je mesure en moi le détachement, le travail intérieur qui s'est installé cette dernière année. J'aborde les choses avec plus de souplesse et d'humour.

Mes parents nous offrent leur nouvel appartement pour la transition toujours proche des plaines d'Abraham. Durant un mois, nous vivrons dans un espace minuscule toutes les trois. Ma Lune et moi dormons dans le salon, mon Soleil dans la chambre. Nous nous rapprochons physiquement et aussi par le cœur. Dans ce petit nid transitoire, on se retrouve, chacune portant en elle les émotions et le poids de ces dernières années. On prend un peu de temps pour se parler dans ce contexte qui nous rapproche tranquillement, chacune avec nos blessures. Je me sens mieux et cela apaise les tensions. Je suis soulagée de rapatrier les morceaux de nos cœurs égarés.

En mars, je crée notre nouveau nid avec l'intention de prendre soin de moi, de poser mes limites, je ne reviens pas à n'importe quelles conditions. Dans l'amour et le respect et la compréhension de mes besoins. Je fais appel à une intervenante de proximité, qui m'aide à rester solide et à me respecter.

Je vis avec les filles jusqu'à juin. Ma Lune travaille dans une station-service, mon Soleil change de programme pour un parcours scolaire adapté et fait un stage comme caissière dans un supermarché. Elle se sent mieux, gagne en autonomie. Je m'occupe des rendez-vous chez le médecin, le dentiste, je subviens aux besoins de base qui ont été négligés ces deux dernières années. Ma Lune ira vivre finalement à La Pocatière fin juin avec son amoureux. La relation avec sa sœur étant redevenue conflictuelle, elles ont besoin de vivre à distance pour un moment. Les blessures sont trop vives, la guérison demande du temps.

Je retrouve mes amies, le fleuve Saint-Laurent et une partie de moi. Je maintiens le lien avec Marc-Antoine, qui tranquillement se transforme. Je vis les difficultés, les défis et les doutes du retour, mais j'accueille et la paix s'installe avec le temps.

✦ Avril 2022

Je contacte Carolle Crispo, auteure, conférencière, une femme qui m'avait interpellée il y a quelques années. J'avais aimé cette petite femme, son humilité, lors d'une transmission publique qu'elle avait offerte. Je me rends spécialement au Salon de l'éveil de Lévis pour la rencontrer et faire appel à ses services.

Je vais chez elle quelques semaines plus tard, pour recevoir ma transmission. Elle me remet l'enveloppe. Je la remercie du fond du cœur. Une rencontre heureuse, une femme au service de la lumière, de l'amour, qui vit modestement et humblement.

J'ouvre l'enveloppe à la lueur de la chandelle, au son d'une musique douce dans ma petite chambre. Je pleure à la lecture de ce message.

Nous sommes à Pâques et je me sens renaître, ressusciter après ce chemin de souffrance.

Message de l'univers : amour et lumière

✦ 20 avril 2022

Lettre des guides

« Gracieuse clarté de la fleur d'âme. »

Chère belle âme en incarnation, nous te saluons ! C'est avec une grande joie que nous venons vers toi pour te parler d'amour et de lumière. Sujet que tu affectionnes ! Encore plus par les temps qui courent. Certes, tu es à même de constater que l'humanité en a bien besoin. Il en est ainsi depuis des millénaires. Ne t'inquiète point pour elle ! Elle progresse sur la voie de l'ascension laissant derrière elle ce qui est révolu. Nous bénissons ta divine présence sur Terre.

Tu as voulu retourner sur Terre une fois de plus pour activer la lumière là où elle semble être absente. Ton écoute envers ton être s'est beaucoup renforcée avec le temps. Et il en sera toujours ainsi ! N'aie crainte de manquer à ta propre lumière d'âme. Vous vous rapprochez toujours plus depuis que tu as demandé que la clarté illumine ta façon de porter ton regard envers la vie. Bénis sois-tu !

Tu sais que faire acte de présence sur Terre n'est pas de tout repos. Tu voulais relever le défi de « voir » au-delà de l'illusion pour voir briller ce phare lumineux qui scintille pour t'inviter à le rejoindre. Nous voyons que tu as fait bien des démarches pour comprendre ce qui te semblait être de l'injustice jusqu'au jour où tu as entendu parler de responsabilité et de libre arbitre. Aujourd'hui, la paix s'est installée en ton être, et ce parce que tu sais que le genre humain ne peut que se sauver lui-même. Tu as dès lors compris que tu ne pouvais que te sauver toi-même en activant ton écoute vers ces prises de conscience qui illumineraient ton être et ta vie jour après jour. Tu respires toujours plus le bonheur d'exister pour quelque chose plus grand que nature.

La vie ne conduit point à des représailles d'aucune façon. Donc, il est faux de prétendre que le ciel peut te tomber sur la tête au moment où tu t'y attends le moins. C'est une affirmation qui est devenue une croyance populaire sur le plan Terre. Certains adhèrent à cette croyance car ils sont distraits par le discours qu'entretient avec eux le mental inférieur manipulé par l'ego. Ils ne se voient point comme une lumière en action sur Terre. Encore moins comme étant l'amour incarné. Cependant, cela viendra au fil du temps.

Tu as voulu renforcer ta foi et ta confiance envers la vie. Ta curiosité axée sur la beauté de la vie en toute chose et en tout un chacun s'active toujours plus. Nous voyons défiler dans ton esprit bien des questionnements dont certains n'ont pas de réponses pour le moment. Cela viendra car ta sagesse d'écoute et d'observation est bien aiguisée, comme nous pourrions dire. Elle est somme toute bien patiente. Tu es toujours au bon endroit au bon moment.

Sache que ton amour pour la vie et pour la « connaissance » t'amène à explorer davantage comment l'humanité peut être autant « vulnérable » à ce qui l'influence, notamment la « conscience collective ». Tu es sur Terre pour « communiquer ». Tu communiques avec le Grand Tout assurément ! La conscience collective en fait partie. L'Homme (l'humain) communique sans cesse avec ce vase communicant qu'est la conscience collective. Certes, cela ne se voit point… ne s'entend point… C'est par la résonance vibratoire que l'humanité se connecte à la conscience collective et communique avec elle. C'est ce point qui t'intéresse au plus haut point. C'est un défi à relever sur Terre que de comprendre le jeu de la vie et comprendre « comment » ces résonances vibratoires peuvent être discordantes tout autant qu'elles peuvent être salvatrices. « L'ombre et la lumière en action » très souvent simultanées !…

Tu sais que ta présence sur Terre a beaucoup de signification pour l'âme qui t'habite. Alors, accueille ta présence sur Terre comme un cadeau qui vaut son pesant d'or pour ainsi dire. Tu sais que tu n'y es point pour paresser et te laisser guider par un besoin de survie. Nous voyons que ton désir de servir la vie et l'humanité occupe tes préoccupations. Tes pensées sont imprégnées de plus en plus d'amour et de compassion et celles-ci sont bien sûr dirigées par la gent humaine en souffrance. La souffrance humaine te rend triste parfois, n'est-ce pas ? Difficile de se connecter au libre arbitre ? C'est humain ! Ainsi va l'apprentissage de l'amour inconditionnel. Voilà que tu vis des moments où ta vision de la vie dérape vers de l'incompréhension, de la solitude et de la tristesse. Ton cœur a du mal à accepter ce qui semble inacceptable à première vue. Ta personnalité est troublée par des yeux mouillés de chagrin, mais l'âme qui t'habite est illuminée par de la douceur et de la tendresse. Divine compassion en action ! Dualité en action aussi !

Sois ravie, chère belle âme en incarnation, d'être témoin de la purification des égrégores d'ombre et de négativité. Tu as choisi cette époque de grande transformation car tu savais qu'elle te permettrait d'accéder à une époque plus lumineuse donc moins prise au piège de la densité de la matière. Voilà que tu vis la libération de tes blessures d'antan en écoutant et en observant tous les « va-et-vient » que l'humanité fait entre le passé bien incrusté et le moment présent qui lui demande de laisser ce passé derrière elle pour ainsi illuminer le chemin qui reste à parcourir pour atteindre sa divine ascension vers la 4e et la 5e dimension.

Alors chère belle âme, tu es sur Terre pour mettre en pratique la connexion avec ta divine présence « Je Suis ». C'est dans le moment présent qu'elle peut se faire dans la sérénité du cœur. Tu verras ! Ton savoir-être et ton savoir-faire s'en porteront mieux car tu ressentiras que la présence de ta potentialité intuitive s'éveille davantage. Il va de soi que la communication avec ton Soi supérieur deviendra plus lumineuse. Toujours plus avec le temps ! C'est normal ! Ainsi va l'évolution !

Certes, nous voyons que ta sensibilité est à fleur de peau. Elle te teste dans l'acceptation du libre arbitre de chacun de toute évidence. Ainsi va l'apprentissage de l'expérience de vie terrestre. Ta sensibilité t'aide à comprendre le sens à donner au jeu de la vie sur Terre et aux émotions, bien entendu. C'est aussi apprendre à comprendre ce que veut dire « le détachement » dans son ensemble. Sache qu'au cours de chaque incarnation, il y aura des phases de détachement à vivre sans qu'elles soient des plus bouleversantes pour autant. Vaut mieux ne pas dénier ou rejeter le détachement à vivre pour en comprendre tout son sens divin. L'acceptation du détachement est cruciale pour ne point le vivre plus difficilement au cours de la vie ou des vies subséquentes. Vaut mieux ne point remettre à plus tard ce qui doit être vécu maintenant. Vois que tu ne peux point sauver quiconque hors de sa volonté…

Rappelle-toi que tu vis ta vie sur Terre pour connaître tout de toi-même. Ce n'est pas rien ! C'est même majestueux si tu prends le temps de bien y penser. Cela dit, tu es une âme primordiale ! Tu es un être primordial dont sa présence sur Terre est honorée par le divin. En ce sens, tous tes guides sont de bienveillants accompagnateurs et complices d'incarnation qui veillent sur toi, t'accompagnent et te protègent. Ils sont omniprésents. Ne pense jamais qu'ils peuvent t'abandonner. Ce ne sera jamais le cas. Même quand tu as l'impression de ne point être à la hauteur d'une situation, ils sont présents pour te rassurer et te venir en aide. Voilà que tu vis le rapprochement avec eux en déployant ton sens de l'écoute. Certes, le mental aura besoin de « rompre les rangs » pour céder la place à ton moi divin qui aura, sans doute, bien des révélations à partager avec toi. Alors, ne sois pas trop intransigeante avec ta personnalité qui préfère la présence du mental qui semble lui être plus rassurant. Elle aime bien être en contrôle de ce qu'elle a l'habitude de vivre dans son approche avec la vie.

Rappelle-toi que ta personnalité est ta complice d'incarnation. Elle te teste en quelque sorte. Tu es née avec elle, chère belle âme en incarnation. Tu ne peux point passer outre le fait que tu l'as choisie judicieusement. Elle te met au défi de dépasser les résistances, les croyances et les paradigmes qu'elle laisse ressurgir lorsque le moment de passer à de la nouveauté consciente émerge de ta lumière d'âme intérieure. Leur faire face te demandera d'être dans la présence du cœur pour accepter avec humilité qu'il est temps de purifier ces résonances discordantes qui ont besoin de purification, étant devenus révolus et/ou involutifs. Au cours de toute incarnation, il y en aura. Certes, tu le sais déjà ! Cependant, ceux-ci peuvent ressurgir du passé au moment où l'être ne s'y attend pas et le déstabiliser sur le plan émotionnel.

« Quel beau moment de guérison en perspective ! »

Chère belle âme, nous te demandons d'avoir confiance en ta potentialité qui déploie ses ailes. Oui, elle cherche à prendre de l'expansion, telle est la volonté d'illumination que recherche ta fleur d'âme. Elle recherche et recherchera toujours plus de clarté en elle-même. Bénis sois-tu, chère belle âme primordiale.

« Nous te quittons maintenant. »

Je t'aime divinement, Sananda, dit aussi Jésus ou Yeshua ben Joseph.

Je te remercie de ta confiance.

Carolle Crispo
Messagère d'amour, de lumière et de pardon.
Merci !

✦ Mai-juin 2022

Nous sommes en mai et je vis le voyage de rêve promis à ma Lune il y a quelques années. Nous partons pour l'Angleterre. J'ai confiance que ce voyage rallumera sa flamme intérieure.

Nous vivons dix jours extraordinaires. La beauté de Londres, les jardins et la ville d'Oxford, les studios de *Harry Potter*, un voyage qui nous rapproche et nous émerveille. Un voyage de découverte de l'une et l'autre. Je redécouvre sa vivacité d'esprit, son humour, sa beauté. Sa tête posée sur mon épaule dans l'avion au retour sera ce que j'en garde de plus précieux.

Notre retour est marqué malheureusement par la violence qui frappe à nouveau à notre porte. Notre arrivée provoque un déchaînement de colère malheureuse entre nous. Le recul que m'a offert le voyage me fait voir que ce que nous vivons est intolérable. Ça ne peut plus durer. Ça suffit. Pour le bonheur et la sécurité de ma Lune, pour mon Soleil et pour moi. La vie doit être douce et heureuse. Elle peut l'être… La vie peut être joie. Il suffit de le choisir et d'agir. Je n'accepte plus cette violence et cette souffrance dans ma vie ! Je n'en veux plus !

✦ 12 juin 2022 : Bury

- premier soin de fasciathérapie depuis décembre 2021. Ce sera le dernier ;
- je me retrouve au bout d'un processus où je dois poser mes limites ;
- mon Soleil doit quitter l'appartement et retourner chez son père ;
- je quitte mon travail. J'ai l'impression d'être allée au bout de ce que je pouvais faire. Au bout d'un grand marathon.

Laisser tomber les masques

« Choisis d'honorer ta vie dans la grâce et dans la joie. »

M.-A. D.: *Aujourd'hui, ça va être différent.*
Essaie d'être vigilante à ne pas accrocher sur des pensées, laisse-les te traverser.

Ne pas chercher à retenir, par un point d'appui, par un arrêt volontaire de la pensée. Pour apprendre ce qui est en amont de la pensée. Ce que ton cœur sait. Ce que ton corps sait. Ce que ton âme désire.

Ce qu'il est temps d'abandonner, ce ne sont pas tes enfants, ce n'est pas ton rôle de mère, ce n'est pas ton rôle d'épouse, ce n'est pas toi… (Je pleure.) *Ce ne sont même pas tes peurs, CE QUE TU DOIS ABANDONNER, C'EST TON ORGUEIL. C'est ton orgueil.*

La matière est prête. Ton corps est prêt à laisser aller cette identification de toi. Ce masque. Ce masque que tu portes, que tu as choisi, pour te développer, pour te protéger, il est temps d'être honnête avec toi. Profondément honnête. Dans toutes les sphères de ta vie.

ENLEVER TOUS LES MASQUES. Prendre la seule vraie décision. CHOISIR D'HONORER TA VIE. De l'honorer dans la grâce, dans la joie. Dans ce qui est réel.

Ce qui est là. Prendre soin toujours, toujours plus, de ta divinité, d'être porteur de vie. D'être donneur de vie, de lumière.

Accepter d'être en dialogue avec ta propre vie. Avec tes anges gardiens. Donner de l'importance, encore plus d'importance à ta relation à l'invisible. Prier. Prier pour briser ton cœur. Briser ton cœur. Prier pour que tes anges te supportent, à retirer les masques.

Prier pour marcher ton chemin de vie. Pas dans la souffrance, mais dans la joie. La joie du dépouillement, dans la joie du consentement au réel. Avant de vouloir donner, il faut apprendre à se donner à soi. Le cœur, le corps, la matière se transforme, se libère. La lumière sort de tes os, comme si elle était enfouie, prisonnière de l'ombre.

Capitaine, mon capitaine.

Pas capitaine orgueil. Capitaine amour. Amour réel. Sans attachements. Amour de la vie (je prends une grande inspiration). *Amour du renoncement. Amour de la nouveauté, du renouvellement. Amour du changement. Amour de Dieu. Reconnaître qu'on est porteur de vie.*

La douleur, les souffrances sont des cavernes nécessaires, qui exigent un dépouillement. Un désencombrement de nos idées, de nos croyances, de nos pensées. La fuite n'offre pas de répit. Oui, il faut changer de chemin, prendre un autre chemin. Ce n'est pas un chemin extérieur. C'est le chemin de ton cœur. C'est le chemin de ton Dieu. C'est honorer la vie au-delà de tout. D'honorer la grâce de l'infini, du souffle qui est en toi. Du souffle du désert. Rien, rien de ce que tu as fait jusqu'à maintenant n'est inutile. Mais il est temps, ton corps le réclame, d'abandonner l'orgueil, l'ego et de te revêtir de ta véritable identité, sans fard, sans masque. Sans gêne.

Je suis la vérité, disait le Christ. Cette parole est disponible à chacun. Ça n'enlève en rien la vérité de l'autre. Mais ça exige une droiture de soi à soi. DE SOI À DIEU. Ne plus jouer. Reconnaître la beauté en soi d'abord. Le miracle à chaque instant. À chaque moment d'une vie. CESSER D'ESPÉRER AUTRE CHOSE QUE CE QUE L'ON A. QUI EST DÉJÀ MAGNIFIQUE. Notre vie sur Terre est un passage. Un passage qui nous demande d'apprendre à aimer. À aimer réellement, véritablement, spontanément. À aimer le réel.

Un passage pour s'approcher des anges, de Dieu.

Quelle image, ou réflexe, m'aiderait à embrasser ce qui se présente, ce que la vie me demande d'accueillir ?

Ta nudité. Te voir nue. Simplement nue. Sans artifice. Sans jugement. Avec une reconnaissance infinie pour la possibilité de vivre, de grandir. Vivre et grandir. Libre des jugements, libre des attachements. Ton corps le réclame. Ton corps réclame d'être beau. D'être aimé. D'être vivant. Le travail sur les peurs, c'est un travail d'identification de nos orgueils. Nos orgueils incapables d'abandonner. Apprécier, il faut apprécier, honorer. Prier.

Prier pour moi...

Prier pour Dieu.

Prier pour que Dieu t'accompagne. Prier pour que les anges portent tes souffrances, prier pour que le Christ sur sa croix prenne ton orgueil. Prier pour que tes jugements, que ton regard change, que tu puisses te regarder nue et te trouver belle. ÊTRE FIÈRE DE TOI. Fière de traverser les vallées sombres et d'y mettre la lumière.

Fière de reconnaître la beauté dans toute chose. Dans tout être. Fière de faire partie de la vie. Fière d'aimer sans attachement. Aimer parce que cela est. Simplement. Aimer parce que cela nourrit la vie. Qu'est-ce que la vie en toi si ce n'est que l'amour, que le souffle de Dieu.

Comment reconnaître qu'une décision est juste pour moi ?

La vie cherche, comme les arbres, à croître vers la lumière. Toute décision qui remet la lumière au centre de ta vie est une bonne décision. Ne pas suivre la morale. Suivre la lumière. Des fois, morale et lumière parcourent le même chemin. Parfois non. La morale est une interprétation des hommes. La morale est un guide que les hommes se sont donné quand ils perdent la foi. Quand ils perdent le lien avec Dieu. Plus on est convaincus, plus on croit, moins on doute. Et on accepte que notre réalité a des conséquences sur d'autres. Sur soi. Devenir, c'est accepter d'aller dans son chemin.

Je suis partagée… En vérité, j'ai cette peur des institutions, de l'autorité, de ces jeux.

C'est ton orgueil. Peut-être que la prison pourrait être ton meilleur salut. Peut-être que tu as besoin de te rendre en prison pour te rendre compte que tu es libre. Peut-être pas. Ton orgueil. Ta foi. Dieu choisit avec ton âme ce qu'il y a de meilleur pour toi. Honorer la vie, c'est honorer les choix de Dieu. C'est honorer les choix d'une croissance. La vie est faite d'étapes. Il y a des temps pour se donner, des temps pour apprendre, puis il y a des temps pour croire et avoir la foi. Avoir la foi, c'est quelque chose de corporel, ça se passe dans ton corps, dans toute ta vie, dans l'invisible, dans chacun de tes regards. Quand les oiseaux viennent te voir, quand les tamias te regardent. Ce n'est pas être désintéressé à ce qui se passe dans le réel. C'est d'en être amoureux. Sans préoccupation.

Et d'offrir cet amour-là à cette vie qui croît en toi. Cesser de vouloir apparaître, c'est inutile. L'enjeu n'est pas d'apparaître mais d'être. D'ÊTRE. L'enjeu n'est pas de faire, mais de CROIRE.

Quand le Christ porte son regard sur toi, il est rempli d'Amour.

Ses mains ouvertes devant toi sont prêtes à prendre ton orgueil (sanglots)*, tes souffrances, tes douleurs, non pas pour que lui les porte, mais pour les transcender. En faire des joies de connaissance. Des joies d'évolution. Rien, rien, rien, n'est fixe. Même dans l'immobilité il y a un mouvement et un repos.*

Prendre soin de la vie qui croît. Qui cherche la lumière.

Écouter le souffle de la vie. Écouter ce qui cherche son chemin. Inlassablement. Vers la lumière. La lumière qui est plus haute encore que le soleil, au-delà du soleil, au-delà des univers. La lumière qui est source première de lumière. Une lumière qui est incompréhensible. Mais dont on se rapproche par la foi… par la prière, par le désencombrement de nos pensées. Vivre nue. Comme les lys des champs, comme les oiseaux. Changer de chemin, accepter de marcher dans la foi du Christ. Ce n'est pas une fuite vers un ailleurs, c'est une marche consciente vers sa demeure. Vers son retour. Mais cela demande du courage. Un véritable courage de choisir de promouvoir la vie en soi et non pas se promouvoir soi dans la vie.

C'est à toi de changer. Aucun pouvoir sur les autres. C'est à toi et seulement à toi de changer.

Prendre soin de ce qui nourrit la vie.

J'hésite à contacter la DPJ[39].

Pourquoi le ferais-tu ?

Pour avoir de l'aide. Une aide extérieure. Sortir d'une situation qui me semble inextricable. Sur laquelle je n'ai pas de pouvoir et qui me fait souffrir et fait souffrir mes filles. Mais j'hésite à faire confiance encore… J'ai cette peur des répercussions des institutions, du mode de fonctionnement. Je ne sais pas quoi faire. Je ne veux pas fuir, je veux faire face à la situation, je ne vois pas d'issue autrement… (Pleurs.)

Tu cherches une voie extérieure. Le passage n'est pas là. Imposer des lois, des règles, ça freine la vie.

C'est ce que je ressens en moi.

Alors écoute ce que tu ressens. Mais écoute aussi l'importance d'être libre. Pour toi, pour ta fille, pour ton autre fille. Libre, c'est-à-dire de leur laisser entièrement le choix. Et toi de te retirer de ce système chaotique. Tout ce qui te retient dans ce truc-là, ce n'est que de l'orgueil, de la peur. D'un besoin de reconnaissance. Tous tes trucs, facettes que tu as besoin de travailler dans ta vie, utilise-les à bon escient, non pas pour faire souffrir les autres, mais pour te protéger, mais pour t'approcher de la lumière. Désencombrement. Apprendre à laisser agir. Pas à laisser faire. Pas à lâcher prise. À laisser agir… Un point d'appui, un silence, est souvent beaucoup plus porteur qu'une parole. Sortir de l'enfance. Sortir des responsabilités pour devenir Lumière, pour être Lumière. Pour être

39. Direction de la protection de la jeunesse.

l'œuvre de Dieu. Chaque jour, chaque instant, chaque bonheur, chaque joie. Cesser de souffrir. Cesser d'aimer souffrir. Cesser de se croire vivant parce qu'on souffre. Cesser d'attendre la reconnaissance, cesser d'attendre de l'autre d'être reconnu.

Cesser cette voie de souffrance. Aller dans l'amour du Christ. Aller dans l'amour de l'autre avec un grand A. Reconnaître ses beautés, ne plus porter attention à ses faiblesses. À ses désespoirs, à ses craintes... Ne plus mettre de barrière, de haine, de souffrance, reconnaître la beauté. Reconnaître le don. Puis accepter le chemin qu'on a choisi. Accepter, accepter, accepter, accepter.

Définitivement. Accepter. Cela est. (Rires de Marc-Antoine.) *Tu entends cette musique ? Accepter...* The born is... miracle... a new child... these clouds...

(J'avais fait le rêve la veille d'un enfant que je prenais sur mon cœur, libéré des couches de verre. Je le laissais respirer.)

C'est comme mon rêve de cette nuit.

Accepter (le nouveau-né... ce renouveau) de transformer. Accepter d'être quelqu'un d'autre. Ce quelqu'un d'autre, c'est toi. Enlever les masques. Enlever les apparences. Faire face à la musique pour être l'œuvre de Dieu. C'est un passage. Il y en aura d'autres. Tu auras d'autres parents, tu auras d'autres enfants. C'est un passage. Tu dois choisir de continuer à suivre la lumière, d'arrêter de t'empêtrer dans des ego, des orgueils, des méchancetés, tu as la possibilité de sortir de là. Fais-le.

En moi mais à l'extérieur de moi aussi.

Fais-le ! Il n'y a rien qui est différent. En toi et à l'extérieur de toi. Ce que tu changes en toi change à l'extérieur. Mais il est beaucoup plus facile d'avoir un pouvoir direct sur l'intérieur de toi que sur l'extérieur. Pas besoin d'avocat, tu as besoin de sortir de ce système, de te choisir, simplement. Et d'oublier ces folles responsabilités qui t'accablent. C'est déraisonnable. Ça tue la vie. Ça tue la vie.

(*Grande respiration.*)

Merci.

Merci à tes anges. Merci à ton âme. Ton âme qui va toujours t'attendre. Qui va toujours t'espérer. Mais qui aimerait vraiment que tu bouges. Et que tu fasses le saut. Ton corps est prêt. Ton corps est en train de développer des maladies. L'accumulation de souffrance. Tes tremblements. Tes tremblements sont des hésitations. De plus en plus intenses. Il y a des temps dans la vie, il y a des temps, des temps de richesse, des temps de désœuvrement, des temps de désencombrement de nos richesses, mais surtout de nos attachements, de nos désirs, de nos envies, de nos attachements au plaisir, à nos croyances de bonheur, de joie, d'amour. Désencombrement. Il y a autant de bonheur à regarder un colibri qu'à avoir une vie heureuse.

Ce serait plus sage de quitter Lévis dans ce passage. Je le crois.

Ce n'est pas l'heure des décisions de lieu. Ne te projette pas dans le futur. Reste au présent et veille à démasquer l'orgueil sous toutes ses formes. L'orgueil te maintient dans la souffrance. Et la souffrance te donne un sentiment de vivre. Tu en as besoin.

Comment inverser, comment reconnaître que l'absence de souffrance, c'est vivre ?

C'est ça... Accepte de vivre le présent. D'accueillir la beauté dans le regard des gens. Accepte cette nourriture.

Ça va nourrir cette part de moi.

Changer d'alimentation. Ne plus te nourrir de cadavres, mais te nourrir de beauté. Ne plus te nourrir de cadavres. Sortir de l'ombre. Accueillir la lumière.

Peu de moments dans ta vie, peu, très peu, très peu de moments dans ta vie, tu as accepté de marcher dans la lumière. Très souvent, tu te nourris de cadavres. Il est temps que cela cesse. Ça va demander de véritables efforts. De véritables efforts. Mais il y aura de véritables changements. Il y a plus de bonté dans une prière pour l'autre que dans une présence à se nourrir de cadavres ensemble. Il y a plus de bonté dans une seule prière. Il est temps de ne plus faire semblant, d'enlever les masques. Et de marcher, marcher, dans ta conversion.

Merci.

Dès aujourd'hui. Dès cette minute.

Est-ce que ma santé peut s'améliorer si j'en fais le choix ?

Regarde-toi dans le miroir. Regarde-toi nue dans le miroir tous les jours et ta santé s'améliorera. Regarde-toi te convertir, choisir de te nourrir de beauté et cesser de te nourrir de négativité. Ton énergie va changer. Tes relations vont changer. Ton être va changer. Tu n'auras plus peur d'être seule. Car tu seras toujours en présence. Laisse-toi changer. Capitaine, ô mon capitaine. Ce n'est pas le matelot qui dirige. Capitaine, ô mon capitaine.

Il y a plus de miracles sur Terre qu'il n'y a de cadavres. Il faut s'en émerveiller. RETROUVER L'ÉMERVEILLEMENT. L'émerveillement est un signe, un jalon sur ta route. Tout ce qui t'émerveille, tout ce qui te rend joyeuse et heureuse de la découverte nouvelle, de l'appréciation nouvelle, est un jalon vers la lumière.

Dies-*Dieu. C'est le même mot. C'est la lumière. C'est le même mot. Je suis la vérité. Je ne la possède pas, je l'incarne. Les anges sont tous là pour accompagner tes pas dans ce nouveau chemin. Il ne s'agit plus de consommer des cadavres, mais de communier la vie. Ne plus consommer, mais communier.*

Ton exemple, de te choisir, de marcher dans ta vie, offrira certainement à d'autres des voies de passages. Parce que nous sommes des passants. On passe et on repasse pour apprendre, pour s'approcher de la lumière. Pour aimer, aimer au-delà de tout attachement. Aimer parce que l'amour est là. Parce que l'amour est la vie. Sans question. Laisser. Te laisser transformer. Ne plus te nourrir de cadavres.

✦ Fin juin 2022

Mon Soleil est retournée avec son père et sa conjointe après une certaine accalmie. Elle retourne dans un climat fragile. Je vis le deuil de son absence. D'un climat chargé de négativité. Le calme. Le silence. L'absence de mon enfant qui prenait tant de place. Ce vide, je dois le combler par la beauté.

Je vis tout de même de l'anxiété. Peur qu'elle retombe dans un cycle destructeur, qu'elle vive une dépression, peur qu'elle souffre. Son père m'écrit qu'elle se sent déprimée, isolée. Je lui ai écrit un petit mot pour lui dire que je l'aime. Je dois mettre des consignes claires entre nous, me libérer et lui présenter comment va se vivre notre relation pour quelque temps. Sa place à la maison sous certaines conditions.

Je vis un moment de paix avec ma Lune. Elle se sent bien, en sécurité et moi aussi. Elle se confie sur ce qu'elle vit avec son amoureux, on est en paix et on rit… sans se faire juger, elle se sent libre.

Comment je comble le vide de l'absence de mon Soleil ? On survit à un environnement teinté de violence verbale, d'indifférence, de jugement, de tension, ça demeure notre quotidien, notre nourriture habituelle et on s'en accommode. Sans voir autre chose. On reconnaît la souffrance de l'autre, ses blessures, l'inconscience de ces agissements et de leur influence sur le monde extérieur. Et on s'oublie. On oublie l'essence de la vie… l'importance de la paix, de l'harmonie. Que la vie, ce n'est pas survivre. Que l'on doit s'autoriser à vivre dans la joie, la paix et l'amour.

La vie nous rassemble

Mon Soleil revient en urgence au cours d'une nuit du mois d'août. Elle a été menacée par la conjointe de son père. Je reprends la garde officiellement, c'est terminé le jeu de ping-pong. Ce revirement fait que nous nous rapprochons, ce sera l'occasion d'une prise de conscience pour elle. Elle me dit « Je t'aime » pour la première fois depuis bien longtemps. Cette épreuve qu'elle vit crée un nouvel ordre entre nous. Je l'accueille avec tout mon amour.

On apprend depuis ce jour à vivre ensemble. Je respecte ses besoins et elle respecte les miens. Je reconnais ce sur quoi je n'ai pas de pouvoir. J'accepte qui elle est, je l'aime telle qu'elle est, tout en respectant mes limites et mes propres besoins. J'accueille et j'accepte ce qui est. Le jugement s'efface.

✦ Mes tirages

Cartes :
L'Arbre en moi : Je vis au présent.
Les anges : L'ange de la sagesse.
Les Cartes médecine : Le blaireau.
Le fou : Le fou du vide (présent, page blanche).

Tout me dit de prier, d'entrer en contact avec l'invisible pour affermir ma FOI.

Dés de la destinée : 688.

Angoisse : Ne pas combattre son état, marcher, dormir, ne faire que de petites choses, parler, se confier.

Calme : Un état angoissant vous touchant personnellement, ou touchant une personne qui vous est proche, prendra fin bientôt. Cette difficile période était comme une épreuve de passage. Cette pénible expérience servira pour neutraliser les peurs futures. Tous les encouragements sont permis. Le long voyage au bout de la nuit se termine.

✦ Foi et courage

- Depuis septembre, j'ai arrêté de travailler. Je prends soin de moi réellement. Je retrouve les projets qui font vibrer mon âme, je me reconnecte avec la foi.
- Je vis une séparation amoureuse avec Marc-Antoine. Je reconnais que notre relation est en transformation.
- Ma relation avec mon Soleil est plus paisible. Elle trouve une stabilité et moi aussi.
- Ma Lune s'est créé un nouveau petit nid, elle se reconnecte avec elle-même et ses projets créatifs. Notre relation est bonne.

Lors d'une hutte à sudation chez mes amis,
j'ai une vision. Je prends conscience de ces dizaines
de milliers de kilomètres parcourus entre deux
lieux, un lieu de souffrance et un lieu de paix, lieux
où je n'arrivais pas à être bien complètement…
Je prends conscience que cela provient du fait
que je ne me choisissais pas. Je continuais de faire
des allers-retours en moi, dans ma Terre intérieure,
entre l'ombre et la lumière. Entre la peur et la foi. Entre
les peurs de ma part blessée, mon orgueil, mes résistances
et la foi de ma part divine. Il n'y avait pas de choix
réel, d'accueil de ces parts en moi, de solidarité
et de réconciliation envers moi-même.

✦ 7 septembre 2022

Canalisation de Karine Pelletier

Voilà, ma belle amie,

Tu trouveras les réponses reçues après chacune de tes questions. En espérant que cela te guidera sur ton chemin !

Je t'embrasse, merci de ta confiance et redonne-moi des nouvelles.

Karine

✦

Je vis plusieurs questionnements que vous connaissez bien, je vous remercie profondément d'apporter de la lumière aux zones d'ombre et de brouillard qui m'habitent afin de m'aider à avancer. À plusieurs niveaux, je sens que je vis une période importante pour mon cheminement spirituel, personnel, et je souhaite faire les bons choix pour m'aider à m'aligner vraiment sur ma mission de vie.

Quel est votre message principal concernant mes trois dernières années, prise dans un tourbillon émotionnel, des changements de cap, ce passage devait être nécessaire, je crois, pour m'aider dans mes détachements ?

Chère âme, beaucoup de mouvement, de chamboulement, de brouhaha, pour faire du ménage dans ta vie, t'amener à t'affirmer dans ton Essence, à établir tes limites en tant que personne pour éventuellement faire de la place à encore plus de lumière en toi ! Bien qu'il ne soit pas facile ou reposant de vivre cette étape, nous t'assurons qu'elle est et qu'elle fut un mal nécessaire pour ton évolution spirituelle.

La relation amoureuse entre Marc-Antoine et moi semble se terminer, je sens que notre couple, dans sa forme conventionnelle, est amené à se transformer. Est-ce qu'une séparation, mettre fin à notre relation, est une bonne chose pour moi, pour nous ? Qu'est-il venu m'apporter essentiellement et comment notre relation peut-elle se transformer pour notre mieux ?

Chère âme, cette relation avec Marc-Antoine dans sa forme conventionnelle comme tu le mentionnes si bien est appelée à disparaître. La connexion et reconnaissance de vos âmes vous ont amené chacun à cheminer, à vous libérer. Elle t'a permis de reprendre confiance en l'énergie du masculin sacré et il était également sur ton chemin pour faire raisonner tes forces en toi en tant que Femme divine sur Terre et que tu te permettes de prendre toute la place qui te revient en tant que femme, sans te sentir moindre ou inférieure, les âmes qui se reconnaissent sur Terre se retrouvent pour surpasser certains défis ensemble. Rappelle-toi que tu es ici pour prendre TA place en tant que femme qui incarne douceur et expression. Vous êtes appelés à demeurer de bons amis et confidents, comprenant chacun la réalité de l'autre, mais vos chemins communs se séparent car vous avez des objectifs et des défis différents à réaliser. Sois en paix belle âme, tout est parfait à chaque instant !

Mon retour auprès de ma fille, vivre avec elle, est-il bénéfique pour moi et elle en ce moment ? Je sens que notre relation est en train de s'adoucir, se recréer et je sens aussi la fragilité de celle-ci. Je lui apporte une sécurité pour l'instant. Une partie de moi est satisfaite de cela. J'ai le sentiment de faire ce qu'il faut et une autre partie de moi sent un besoin de détachement. Qu'avez-vous à me dire à ce sujet ? Est-ce bon que nous vivions ensemble pour le moment ? Quel est le détachement principal que je dois vivre par rapport à elle ? Ou ce qu'elle est venue m'enseigner principalement ?

Comme tu le sais peut-être déjà, vos enfants sont vos plus grands maîtres sur Terre. Ta fille est ton maître pour t'enseigner à poser tes limites dans ce qui ne te convient pas, défi encore plus grand lorsqu'il s'agit de son enfant et qu'il souffre. Mettre tes limites signifie de le verbaliser, mais également de placer tes limites énergétiquement face à ce qui ne te convient pas, ne plus accepter qu'un être extérieur à toi ait un pouvoir sur ta quiétude. Voilà en même temps le détachement que tu arriveras à vivre envers l'autre. Accepter sa réalité et sa souffrance, en être témoin, offrir les outils à la lumière de ta connaissance lorsque c'est possible et disponible pour toi, démontrer ton amour et ta disponibilité, en cessant d'être absorbé dans l'état de l'autre. Il est correct pour vous deux de vous retrouver pour vous rapprocher. En tant que mère, tu lui apportes la sécurité dont elle a besoin au moment où elle en a besoin. Mais son âme étant tourmentée, pratique dès maintenant le lâcher-prise sur ses états d'être afin qu'ils ne viennent pas affecter les tiens. Demeure disponible pour elle tout en établissant ce qui est acceptable pour toi et ce qui ne l'est pas. Comme son âme n'arrive pas à retrouver ses repères ici sur Terre dans cette incarnation, tu peux t'attendre à d'autres épisodes de tourmente en elle. Peu importe le cheminement de son âme, tu dois arriver à lui remettre son bonheur entre les mains, sans te sentir coupable, car tu n'es pas responsable de son bonheur. Elle seule peut choisir de se prendre en main et de se créer ses repères.

Que signifie se choisir réellement afin
que ma compréhension en soit meilleure ? Suis-je amenée
à m'éloigner de mon cercle familial physiquement, afin
de m'aider à me retrouver davantage ? Ou se choisir
signifie-t-il d'abord une attitude intérieure que je peux
mettre en application ici, maintenant, sans ce besoin
de partir ? Je sens que les deux sont nécessaires pour
moi. Qu'est-ce que mon âme désire en ce moment
et qui m'aiderait ? Ce à quoi je dois répondre
en ce moment ? Je suis partagée entre les besoins
de la mère, de mon âme et l'appel de ma mission ailleurs.

C'est une merveilleuse question qui mérite un éclairage ! Se choisir signifie d'abord de respecter tes besoins et te permettre de vivre ce qui te fait vibrer, et de dire non à ce qui abaisse tes énergies et ne te fait pas sentir en harmonie ou alignée. Se choisir signifie de poser des actions qui te permettent d'être dans ton énergie, à ton plein potentiel, peu importe comment les autres vivent leur vie. Le fait de vouloir t'éloigner actuellement représente deux choses distinctes en même temps ; la première étant un appel de ton âme de reconnecter avec des énergies qui te ressemblent et qui font partie de toi, ton âme sait que tu vivras un bond évolutif par ces expériences, c'est un peu comme un passage obligé que tu as mis sur pause. La deuxième est la fatigue de ton âme d'avoir donné beaucoup, d'avoir mis sur pause ta vie et ton bonheur. Ton âme a un besoin de se reposer de la tourmente pour simplement revivre à ton rythme à toi, dans ton énergie.

Je suis habitée par l'envie de partir dans le sud des États-Unis, Arizona, Texas, Nouveau-Mexique. De répondre à un appel du cœur. Projet qui m'habitait il y a deux ans et qui revient. Luis, de Cuba, m'a informé de cette mission, retrouver mes ancêtres, une ancienne tribu, celle d'Aigle noir, mon guide actuel. Je me sens appelée là-bas et un signe la semaine dernière me semblait confirmer ce désir. Serait-il bon pour mon âme que je parte, que j'y aille et quel serait le meilleur moment ? Auriez-vous un lieu à me préciser pour m'aider à contacter les anciens ? Auriez-vous un message pour moi à ce sujet pour m'aider dans cette quête ? Qu'est-ce que ce voyage m'apporterait et apporterait autour de moi ? Comment le planifier, l'aborder correctement afin qu'il me nourrisse et m'aide sur mon chemin ?

Comme nous le mentionnions plus tôt, cette envie de partir est un appel de ton âme à reconnecter à des anciens savoirs, des lieux connus de ton âme pour vivre des bonds quantiques. Vient en même temps le besoin de ton âme de se reposer et de te reconnecter avec ces savoirs ; tu étais une grande guérisseuse, tu y as vécu très vieille, ton peuple était pauvre et sans la foi. L'Arizona sera une première reconnaissance de lieu, un voyage ponctuel que tu pourras faire dans un temps plus rapproché. Tu seras ensuite guidée pour te rendre dans une seconde étape distincte vers les régions de Santa Fe et de Los Alamos pour reconnecter avec des savoirs anciens où tu parcourras les routes en vivant le moment, en recevant des enseignements qui te transformeront et tu y seras pour une période d'au moins deux mois, période qui se placera vers la fin du printemps, début de l'été prochain. Laisse les synchronicités venir à toi sur l'organisation de ton projet, tu n'auras pas besoin de beaucoup de moyens financiers pour le réaliser.

Je sais que j'ai souvent posé cette question... mais
en ce moment, j'ai besoin de l'entendre afin
qu'elle s'imprime en moi, quelle est ma mission
de vie véritable dans cette incarnation ?

Ta mission, chère enfant, en est une d'enseignement auprès de petits groupes et de transmission d'informations par le biais de l'écriture pour amener les gens à vivre en harmonie avec la Terre et à son rythme. Tu dois continuer de faire vibrer cette mission en toi pour l'expandre autour de toi.

Quelle résistance principale dois-je accueillir ?
Qu'est-ce qui me ralentit, quelle est la source
de ma fatigue, de mon égarement en ce moment ?
Un moyen de m'aider à l'accueillir et m'en libérer ?

Ne pas être maître de tous les événements environnants est déstabilisant mais ne devrait pas affecter ton état de calme et de maîtrise intérieure. Tu te laisses envahir et déstabiliser pour des énergies et des événements extérieurs à toi alors que tu pourrais en être témoin et apporter ton aide, en demeurant un personnage secondaire dans la pièce de quelqu'un d'autre. Reprends le premier rôle de ta propre vie et apporte ton aide à ceux et celles qui en ont besoin avec du recul et en te détachant du résultat.

Comment me libérer de mes dettes, générer l'abondance financière dans ma vie ? Quelle croyance, ou peur, dois-je transformer à ce niveau ? Comment générer de l'argent facilement ?

Sache que l'abondance est disponible pour toi en tout temps. Ton ego t'amène à croire qu'il est difficile d'être ton propre patron tout en générant beaucoup d'argent, ou que tu dois travailler comme une déchaînée pour avoir beaucoup d'argent, alors que ça n'a pas à être comme cela. Le sentiment de l'imposteur est présent en toi, d'avoir peur de prendre ta place, de ne pas être acceptée dans ce que tu as à offrir par le biais de ta mission. Sois toi-même en harmonie avec TA mission pour t'en imprégner et la faire vivre par le biais de tes dons, et l'abondance suivra. Accorde du temps à ce que tu aimes faire et écoute ce qui résonne en toi, fais-en ton activité principale.

Quelle est la clé essentielle afin de se maintenir dans un état de liberté intérieure ?

Écouter ton intuition à chaque instant, être en harmonie avec les personnes et les situations qui arrivent à toi et ressentir le détachement. Tu dois arriver à être en maîtrise de tes états, peu importe le chaos autour de toi, et arriver à observer ce qui se passe comme étant des faits, tout simplement.

La liberté intérieure arrive à toi lorsque tu te permets de vibrer dans ta mission car tu cesses de t'emprisonner dans ce qui ne vibre pas avec toi.

Mon corps est fatigué, je le sens malade.
Qu'est-ce qui m'aiderait à recouvrer ma santé physique ?

Bouger en douceur, le sommeil, alléger ton alimentation en intégrant davantage la nature dans ton assiette et nettoyer tes organes qui ont accumulé beaucoup d'émotions fortes au cours de la dernière année.

L'essentiel pour moi en ce moment consiste à... ?

Te poser et prendre soin de toi pour te réaligner, revenir à ton rythme et à ton essence et accueillir.

Comprendre : la médecine de l'aigle

« Un homme qui avait fait le tour du monde pour découvrir une fleur très rare la découvrit, après dix ans de voyage, dans son jardin. »

Proverbe russe

Les épreuves en cadeau

Je n'ai pas eu besoin de traverser l'Amérique pour aller à la rencontre de clés de libération. Je les ai trouvées dans ma Terre intérieure.

Quelqu'un a dit un jour que les épreuves sont des cadeaux mal emballés. C'est bien vrai. Je constate que cette traversée a été une mise à l'épreuve. Les obstacles rencontrés ont été de véritables amplificateurs émotionnels pour mettre en lumière mes propres peurs, mes mécanismes de protection mais également la beauté de mon âme. J'ai vu à travers la souffrance ce que je choisis de créer et de nourrir par mes pensées. Ce qui freine le déploiement de mes ailes demandait à être conscientisé pour mon plus grand bien.

Les croyances limitantes et les peurs inconscientes qui m'habitent m'ont éloignée du chemin de mon cœur. Je n'osais pas fouler l'inconnu, abandonner le connu. Le chaos extérieur a été le reflet de mon chaos intérieur. Durant ce passage, j'ai eu peur de me choisir pour protéger mes enfants, pour ne pas décevoir mon conjoint, pour ne pas déplaire ou répondre à des exigences personnelles ou extérieures. J'ai donné sans amour véritable, j'ai aimé sans amour véritable. Je ne me suis pas aimée véritablement. Je n'avais pas l'expérience de ce qu'est aimer véritablement. Les difficultés et les obstacles m'ont offert une nouvelle perspective, plus profonde, plus consciente et m'ont permis de comprendre ce que c'est que se choisir réellement. Cela demande amour, foi et compassion. Accueillir avec amour n'est pas si simple ! Et pourtant... ça le devrait. En comblant les besoins de mon âme, en accueillant la vie et en reconnaissant sa bonté, je m'aligne avec la source d'harmonie et d'abondance.

Je comprends que se choisir, c'est nourrir mon cœur de joie, c'est aimer toutes les parts de soi et accepter l'autre ou la situation telle qu'elle est, dans son entièreté.

Le jugement

En refusant de nourrir les besoins de mon âme, en donnant plus de valeur à mon ombre et à mes peurs, je me maintiens et je maintiens mon environnement dans la souffrance. Mes frustrations et la culpabilité que je nourris sont des indicateurs que je dois prendre soin de moi. Le jugement que je porte est à l'image de celui que je porte envers moi-même. Lorsque je me libère du jugement envers moi, je libère les autres. Je nous libère de la culpabilité.

Ma vulnérabilité a été mise à nu. Je reconnais mes erreurs, mes faiblesses, les peurs de la petite, la femme, la mère et la Grand-Mère en moi. J'ai reconnu que je créais moi-même les barreaux de ma cage. L'aigle me demande de faire autrement maintenant et de ne plus réagir en tant que victime. Accueillir sans résistance et accepter l'expérience, me choisir et me détacher des états d'être de l'entourage. Choisir de voir toujours l'amour en action, avec compassion.

Reflet de l'inconscient

Ce que je vois est le reflet de ma perception et de ma perspective de la réalité. Mes filles, mes parents, mon conjoint, les institutions, ont été des révélateurs. Une forme de miroir pour m'aider à voir en moi, faire émerger mes peurs inconscientes : les croyances limitantes, les retenues de l'ego, les blessures qui demandent à être reconnues, accueillies et libérées afin que je puisse mieux accueillir l'autre dans sa souffrance, et l'aimer véritablement.

J'ai conscience que tous ceux qui m'entourent ont également leur propre perspective de la réalité. En somme, nous vivons dans l'illusion de la réalité. En prenant conscience de ce fait, j'arrive à avoir plus de détachement sur les expériences, à devenir observatrice.

J'ai à chaque moment le choix de résister à l'expérience présente ou de l'accueillir sans la nommer, sans la définir, sans la classer. J'ai le choix d'être vigilante envers moi, d'observer ce qui m'est donné avec le regard de l'aigle, avec le regard tendre de mon âme qui m'invite à changer de perspective, à voir au-delà des apparences et à être bienveillante.

La foi

Lorsque je fais confiance véritablement en ce qui est plus grand que moi, en la Vie, en Dieu, en l'invisible, je n'ai plus peur. Je me libère de mes soucis. Offrir à Dieu ma confiance, c'est aussi faire équipe avec mon ombre. C'est embrasser la vie et me libérer de ce qui m'emprisonne.

Le courage

Traverser les épreuves avec le regard de l'aigle demande du courage. S'observer demande du courage et de la compassion envers soi et son entourage.

La compassion

La compréhension du jeu de la vie m'apporte plus de compassion envers moi-même et mon prochain. Je reconnais ma part blessée et celle de l'autre, afin de l'aimer, l'accueillir, nous libérer.

L'apport de l'invisible

L'apport de l'invisible est essentiel pour m'accompagner sur le chemin de mon cœur. Je remercie chaque jour profondément les guides, les ancêtres, les alliés spirituels qui m'accompagnent. Je reconnais leur présence, leur bienveillance. Leur guidance m'aide à faire confiance à mes intuitions, leurs enseignements m'offrent une nouvelle perspective et m'élèvent en conscience. Ils m'invitent à appliquer cette nouvelle conscience dans mon quotidien. L'apport des guides et des êtres de lumière m'éclaire et éveille en moi le courage, la foi, l'espoir.

Tout est bon. Tout ce qui a été sur mon chemin a été bon.

L'apport de Marc-Antoine

Marc-Antoine s'est présenté dans ma vie, pour m'aider à reconnaître la femme divine que je suis et les dons qui m'animent en créant un pont entre le visible et l'invisible. En tant qu'homme, il est venu nourrir mes besoins de femme, d'amoureuse et m'a redonné confiance en l'amour partagé. Il m'a fait ressentir la joie de l'amour, la force de l'union du masculin et du féminin. Il a nourri mon être de douceur, de tendresse et m'a fait comprendre l'importance de la liberté. J'ai vu mes forces, mes faiblesses. J'ai surtout reconnu ma valeur et l'importance d'être à l'écoute des besoins de mon âme. Il a été un guide exceptionnel dans ma transition.

L'apport de mes filles

Ma Lune et mon Soleil m'ont aidée à prendre conscience de mes attachements, le besoin de contrôler mon environnement. Elles m'ont appris le détachement et m'ont fait voir qu'elles portent ce que je porte aussi. La responsabilité de vivre heureuse, alignée avec mon âme est primordiale pour notre libération, apporter mon soutien et mon aide dans l'amour véritable. Je n'ai pas de contrôle, ni de pouvoir sur leurs choix. J'apprends à faire confiance, à accepter qu'elles volent de leurs propres ailes et apprennent aussi de leurs expériences, pour reconnaître leur beauté et leur grandeur.

Notre relation s'est apaisée. Je ne ressens plus de tension ou d'anxiété. Revenir auprès de mes filles me permet de mesurer le nettoyage intérieur qui s'est effectué durant cette traversée. Chaque jour est une occasion d'intégrer les enseignements de l'aigle.

L'apport de ma part blessée

Je remercie ma part blessée, la petite, la femme, la mère et la Grand-Mère en moi. Je remercie mes parents, mes ancêtres, je reconnais leurs blessures et leurs forces. Je me détache de ce qui ne m'appartient pas. Je prends conscience que j'ai la liberté à tout instant de choisir ce que je veux pour ma vie. Je choisis de suivre la lumière et d'être qui je suis. Je choisis de m'aimer avec mes faiblesses comme avec mes forces.

Au quotidien

Je retrouve actuellement un espace nourricier et je mets en place de nouvelles bases pour ma vie. J'offre enfin des soins et de l'accompagnement. Je dépasse mes freins intérieurs. Chaque pas que je fais renforce ma confiance. J'ai foi en moi et en ce qui est plus grand que moi… l'amour qui souhaite rayonner dans chaque petite parcelle de mon être, dans chaque geste du quotidien.

Je respecte les besoins de mon Soleil. Je lui laisse l'espace dont elle a besoin, je cesse de juger ses comportements et je pose mes limites plus clairement. Je ne cherche plus à l'aider, à vouloir pour elle, la laissant libre de ses choix. J'ai plus de détachement. Je fais le deuil de ce sur quoi je n'ai pas de pouvoir, ce que je ne peux pas vivre avec elle.

Je l'accepte et j'apprécie toutes les petites choses qui mettent un peu de lumière dans notre vie. La vie n'est-elle pas cela ? Passer à côté de la valeur de ces simples instants, je le crois maintenant, nous éloigne de l'essentiel. L'éveil, je le crois, se vit dans l'instant présent, dans la conscience au quotidien, dans l'accueil et la diffusion de l'amour.

La vie est en constant mouvement et nous sommes invités à danser avec elle. C'est la résistance qui crée des blessures. Je sens que j'ai nettoyé et désherbé une partie de ma Terre intérieure grâce à ces épreuves. Ça me remplit de joie. Chaque jour est une opportunité d'aimer encore plus.

« "Regarder au-delà des apparences, au-delà de la forme"
est une autre manière de dire "regarde au-delà de tes idées
préconçues". Pour voir ton frère comme il est réellement,
tu dois regarder au-delà des jugements que tu émets
sur lui. Si tu veux le connaître, tu dois venir tout près de lui,
ouvrir ton cœur et lui demander quelle est son intention.
C'est le seul geste qui t'apportera la connaissance de cet être.
[…]
Le détachement par rapport à la forme vient
à travers le rapprochement avec les autres –
pas à travers l'éloignement. Mettre les autres à distance
n'apporte pas le détachement, mais son contraire.
C'est seulement quand tu les laisses entrer dans
ton cœur que tu deviens capable de les relâcher.
Compassion et détachement vont
de pair. Tu ne peux aimer quelqu'un et chercher
à le contrôler. C'est uniquement en voulant le meilleur pour

lui que tu offres la liberté à ton frère. Et si tu ne lui offres
pas la liberté, tu ne lui offres pas l'amour.
L'attachement par rapport à la forme provient
de l'insécurité la plus profonde. Tu ne peux complètement
la comprendre, jusqu'à ce que tu ailles au-delà
de cet attachement. Néanmoins, ce pas est inévitable.
Il est inscrit dans le schème de la vie.
Chaque situation dans ta vie t'offre
une opportunité d'acquérir une plus grande intimité
et une plus grande liberté. En aimant de plus en plus
de gens, de plus en plus profondément, tu deviens moins
attaché à eux individuellement. Tu deviens attaché
non pas à leur personne spécifique, mais à l'amour
que chacun d'eux étend jusqu'à toi. Ceci est un passage
vers l'expérience d'Amour Divin qui est au-delà du corporel
– et même au-delà de toute forme quelle qu'elle soit[40]. »

---

40. Paul Ferrini, *L'Amour sans conditions – Réflexions de l'esprit christique*, Le Dauphin Blanc, 2006, p. 39.

Traverser : la voie de l'aigle

« Si tu as marché dans les ombres des formes de la réalité, l'Aigle t'apporte l'Illumination. L'Aigle t'enseigne à regarder plus haut et à toucher le Grand-Père Soleil avec ton cœur et à aimer l'ombre aussi bien que la lumière. Vois la beauté dans les deux et tu prendras ton envol comme l'aigle. »[41]

41. Sams, Jamie et Carson, David, *Les Cartes médecine*, Éditions Octave, 2010, réedition.

Unir les parts de soi

La part blessée – La morale – La personnalité – La lumière voilée

J'accueille ma part blessée, je la prends sous mon aile. Elle me guide sur mon chemin de libération intérieure. Elle me montre la voie pour sortir de l'illusion et me conduire vers ce phare lumineux qui brille au-delà du voile.

La part divine – L'Amour – La femme dans son chemin – La lumière

Je laisse ma part divine me transformer par l'accueil de l'expérience dans le présent. Elle me montre le chemin, par la foi, le courage et l'amour vers la voie de l'éveil et de l'illumination.

« Devant l'incompréhension, faire preuve de compassion.
Devant l'impuissance, avoir la foi. »

J'ai longtemps entretenu la croyance qu'il fallait me libérer de mes faiblesses, de mes peurs. C'était une erreur. En les repoussant, j'alimentais la culpabilité. Je reniais ma part blessée. Je la (me) repoussais en me jugeant. Cette part blessée fait partie de moi. Ces peurs font partie de moi. C'est dans l'amour, la compassion et l'accueil qu'elles perdent de leur force et de leur impact dans ma vie. Elles sont accueillies et non rejetées. J'accueille toutes les parts de moi, alors je suis en mesure d'accueillir toutes les parts de l'autre, de l'aimer sans conditions.

Le courage de l'amour

Il est temps d'honorer ma lumière qui est restée trop longtemps dans l'ombre de mon ombre. Il est temps de tendre la main à ma part blessée et de lui montrer le chemin. Pour ma propre liberté et celle de mes enfants. Mon âme attend depuis longtemps, les guides bienveillants également.

En tant qu'êtres humains, nous avons cette chance unique et cette opportunité de libre choix. Nous avons le choix à chaque instant de mettre la lumière au centre de notre vie.

AIGLE

Accueillir
Inviter
Guérir
Libérer
Éveiller

« Fais-moi confiance. »

Dieu

« À partir de maintenant, je vis à l'image
de mon âme, je m'autorise à être QUI JE SUIS*,*
à recevoir, à vivre l'abondance, la joie, l'harmonie
chaque instant. Je me donne tout ce dont
j'ai besoin et je prends ma place ! »

Mon aigle

La compréhension prend du temps et l'apprentissage se poursuit. Aujourd'hui, je ressens plus de liberté intérieure, j'ai envie d'être heureuse. Une harmonie se dessine en moi et autour de moi. Je ne comprenais pas et ne pouvais mettre en application les enseignements des guides au moment de leur transmission. Il faut faire confiance au temps, et les guides nous font confiance en tout temps. Ils ont une réelle patience divine !

Faire fleurir ses dons

L'expérience terrestre nous offre un temps limité. J'ai conscience maintenant de la mission qui m'est donnée. J'ai le choix de faire de la place à ma part divine pour éveiller mes dons spirituels ou me maintenir à nouveau prisonnière de mes peurs. L'expérience vécue ces dernières années m'a fait voir plus que jamais l'importance de dire OUI au déploiement de ma PART DIVINE et l'importance d'incarner celle-ci sur Terre pour déployer mes facultés spirituelles.

Je ne sais pas où cela me mènera, mais je dis OUI et j'avance.

Je veux nourrir mon feu de joie
Je veux des larmes de joie
Je veux faire rire la petite, la femme, la mère et la Grand-Mère
Je veux danser avec la vie

Je dis OUI à l'inconnu
Je dis OUI à qui je suis
Je dis OUI à l'abondance
Je dis OUI à l'amour
Je dis OUI à la vie

Je souhaite qu'un jour le monde s'ouvre à l'importance d'entretenir une solidarité bienveillante non seulement avec toutes les parts de nous, mais avec les alliés spirituels qui sont là et qui attendent notre autorisation pour communiquer. Cette conscience de la présence de l'invisible a toujours existé. Depuis des millénaires les peuples anciens reconnaissent cette relation essentielle avec le monde des esprits pour préserver l'équilibre du monde.

Puissions-nous veiller à cet éveil individuellement, pour contribuer à l'éveil de l'humanité.

Nous sommes UN.

Je vous souhaite d'ouvrir votre cœur.

Je vous souhaite d'être heureuses et libres quand vous tombez, quand vous vous relevez.

Je vous souhaite de déployer vos ailes et de rayonner. Je vous souhaite de faire vivre l'amour en vous.

Merci mon Aigle d'être à mes côtés.
Merci de m'aider à suivre la joie que mon cœur désire.

En avant toutes !

✦

✦ Octobre 2022

Bonne fête Marie Anne,

« Il y a dans l'homme un autre que l'homme, et cet autre est situé dans les profondeurs. En deçà, au-delà, plus haut, plus bas, ailleurs. » (Victor Hugo, *Utilité du beau*)

Je te souhaite de maintenir vivante cette rencontre, plus encore : je te souhaite d'établir le véritable fondement d'une relation durable avec ce maître intérieur qui ne cherche qu'à apparaître au grand jour. Si les racines des arbres explorent la Terre pour s'en nourrir, les ramifications de l'Autre, c'est-à-dire de l'homme dans l'homme, parcourent les méandres du corps pour démasquer la vie figée dans les tissus. La sagesse n'est-elle pas simplement de laisser vivre la vie ? Vivre simplement ! Donner et redonner autant de fois que cela est nécessaire les chances de faire le choix qui favorise le déploiement de l'Être, du Soi, du maître intérieur.

Je t'ai aimée, je t'aime, je t'aimerai.

La vie suit son cours comme le fleuve qui enseigne « tout » au vieux Siddhartha, inutile de chercher à le retenir ou à en modifier le tracé… Cela est, simplement. Nos années communes ont été riches de vie et d'accompagnement. J'honorerai toujours le souffle de vie dans mes narines un soir d'automne, l'amour profond qui a nourri chaque moment de partage. Je t'en remercie infiniment.

Si nos barques, sur ce fleuve de la vie, nous emmènent au gré de courants différents, il est évident que notre parcours n'est pas terminé. Je te souhaite une année riche en découvertes, nourrie par tes ancêtres, tes guides, ton cœur, ton maître intérieur et propulsée par ton voyage initiatique en Arizona.

Bonne fête.

Ton renard étoilé

✦ 31 décembre 2022

Chers anges, chers guides,

Merci d'être à mes côtés et de veiller sur moi. Mon cœur est rempli de gratitude, serein en cette année qui s'achève. Que d'étapes franchies, toujours accompagnée par votre présence bienveillante. Le passé est passé. Le présent est cet instant, de chaque instant. Je comprends que lorsque je ne résiste pas et que j'accueille ce présent, mon cœur est en paix. Je suis fière du chemin accompli. Je n'ai pas de question ce matin ! Voyez comme je suis apaisée ! (*Rires.*)

La vie est un don. Je comprends que Dieu agit à travers moi et en tout à chaque instant. Me renier ou renier l'autre, c'est renier Dieu et la vie. J'accueille et je dis oui. J'ai confiance en Dieu. J'ai confiance en moi. Je suis aimée. Merci de me guider à nouveau dans les choix que j'aurai à faire cette année. Éveillez en moi la vision claire de l'aigle, la fierté et l'amour dans chaque instant, la détermination, la force pour cette nouvelle étape de réalisation.

Je marche maintenant mon chemin d'éveilleuse, mon chemin de beauté. Je suis la femme dans son chemin et j'apprends comme une enfant à chaque pas que je fais, chaque chute, dans la joie et la spontanéité, renouvelée et libérée du poids du jugement.

Que la joie, l'amour, l'abondance comblent mes jours et mon cœur.

Que la joie, la paix, l'amour comblent le cœur de l'humanité.

Merci, merci !

Marie Anne

✦

— Les petites plumes dorées —

Rituels de détachement émotif

✦ Couper le « cordon ombilical » : rituel pour se libérer de liens émotionnels

Vous pouvez faire ce rituel pour vos enfants, pour une personne décédée, pour un parent, pour un conjoint ou pour toute personne de votre choix.

Trouvez un endroit calme, cela peut se faire au lever ou au coucher. Visualisez et attachez un cordon au cœur de la personne avec qui vous voulez un détachement et ensuite attachez ce cordon à votre cœur. Imaginez des ciseaux de couleur or, puis faites le geste de couper le cordon ombilical avec les doigts. Faites ce même geste pendant vingt-et-un jours.

Ce rituel libère les deux parties concernées. Vous restez reliées par le cœur et non par les émotions. Vous pouvez ressentir un vide ou avoir le cafard quelques jours après, cependant, vous pourrez penser à cette personne avec plus de détachement émotionnel, plus d'amour.

✦ Pochettes de tabac ou petits « *bundles* » : rituel pour invoquer l'aide des alliés spirituels

Dans la tradition amérindienne, l'offrande de tabac est un acte de reconnaissance ou de gratitude envers les esprits, en échange de leur aide.

Matériel : tissu rouge, ciseaux, tabac, ficelle de coton.

Coupez de petits carrés de tissu rouge. Prenez un peu de tabac avec la main gauche, puis portez votre intention au niveau du cœur. Déposez le tabac, votre intention dans le carré de tissu et créez un petit baluchon en le scellant avec le bout de ficelle. Vous pouvez écrire sur un petit morceau de papier ce dont vous souhaitez vous libérer en l'intégrant au tabac.

Reliez vos petits baluchons par la même ficelle.

Une fois cela fait, choisissez un arbre et attachez ces prières à l'une des branches. Il est possible également de brûler ces intentions au feu, lors d'une cérémonie particulière, un feu sacré, dans le plus grand respect.

Enracinement et protection

✦ Les 7 cordons ombilicaux ou les 7 racines : les besoins essentiels

Sur une feuille blanche, tracez un grand cercle. Au centre du cercle, dessinez un point. Ce point illustre votre centre, votre cœur. À partir de ce cercle, tracez 7 rayons, comme les rayons d'un tambour. Pour chacun des rayons, nommez un besoin important pour vous (amour, paix, respect, joie, force...).

Le cercle représente votre protection, le point au centre, c'est vous. Les besoins représentent vos racines ou les cordons ombilicaux qui vous maintiennent à la Terre. J'aime imaginer également un tipi vu du ciel. Ces besoins représentent les pôles de mon tipi, ce qui m'offre une protection face à l'extérieur, ou alors j'y vois les racines de mon arbre. À l'intérieur de ce tipi ou au centre de mon arbre bien enraciné se trouve la paix. Lorsque je ne respecte pas mes besoins de base, ma protection est fragile.

Mettez cette feuille bien en vue comme rappel. Respectez et honorez un ou plusieurs de ces éléments chaque jour.

Faites-vous un bracelet avec 7 ficelles de couleur comme rappel.

Prières pour la mère

✦ Prière de détachement émotif

Je ne m'inquiéterai pas
Je ne serai pas malheureuse à cause de toi
Je n'aurai pas de crainte pour toi
Je ne perdrai pas espoir, je ne te blâmerai pas
Je ne te critiquerai pas, je ne te condamnerai pas
Je me rappellerai en premier lieu et toujours
que tu es une enfant de Dieu, que son Esprit est en toi
Je te confierai à cet Esprit, pour qu'il prenne soin de toi,
qu'il illumine ton chemin, qu'il pourvoit à tes besoins
Je penserai toujours à toi comme étant entourée de la présence
aimante de l'Être Suprême, comme étant enveloppée
de ses soins attentifs, sauve et en sécurité en Lui
Je serai patiente envers toi, j'aurai confiance en toi
Je te soutiendrai par ma foi et je te bénirai dans mes prières sachant
que tu grandis, sachant que tu trouveras l'aide dont tu as besoin
Je n'ai que de bons sentiments pour toi, car je suis bien
disposée à te laisser vivre ta vie comme tu le désires
Tes idées ne sont pas nécessairement mes idées, mais
j'ai confiance que l'Esprit Suprême en toi, te conduira
dans la voie la meilleure pour toi
Je te bénirai vingt-quatre heures à la fois

✦ Prière des mères

Prière qui m'a été offerte par ma tante Marie Lemay, sœur de la charité de Saint-Louis. Elle a été d'une écoute et d'un soutien précieux ces dernières années à travers nos correspondances.

Seigneur Jésus (Créateur, Grand Esprit ou autre), je viens devant Toi en tant que mère et Te demande de bénir mes enfants (noms) et tous les enfants du monde.

Je Te rends grâce pour mes enfants, pour le don si précieux qu'ils représentent. Aide-moi, Seigneur, à toujours m'en souvenir, particulièrement lorsqu'ils ont des difficultés.

Seigneur, fortifie-les. Donne-moi la possibilité de comprendre que Tu es toujours auprès de moi. Tu partages mes joies et mes tristesses. Tu ris avec moi et Tu pleures avec moi. Je Te prie de me donner toutes les grâces dont j'ai besoin pour réaliser Tes projets dans ma vie et pour accomplir mes responsabilités familiales.

Je me tourne vers Toi, Seigneur, avec foi et amour, sûre que Tu répondras à mes prières. Fais que je n'oublie jamais combien Tu nous aimes, moi et mes enfants, et combien Tu nous appelles à nous tourner vers Toi avec nos difficultés, nos souffrances.

Nommez ici votre demande personnalisée :
Exemple :
« Seigneur Jésus, j'ai besoin de (répit, retrouver ma joie, vivre dans la joie), (nom de mes enfants) aussi, qu'on retrouve (la paix, l'harmonie). Que toutes soient soulagées. »

Je vous invite à personnaliser cette prière, à parler au « je » et à personnaliser ce qui est entre parenthèses.

Miroir (inspiré par Lisa Nichols)

Devant un miroir, pendant 21 jours, nommez 7 choses dont vous êtes fière, 7 choses pour lesquelles vous vous pardonnez et 7 choses que vous vous engagez à mettre en place dans votre vie. Vous libérerez des émotions et sentirez la fierté s'installer en vous après peu de temps tout en gagnant en vitalité.

- 7 × (votre nom) Je suis fière de toi pour…
- 7 × (votre nom) Je te pardonne pour…
- 7 × (votre nom) Je m'engage envers toi à…

Les rêves

Vos guides, les anges et vos ancêtres communiquent par les rêves. Avant de vous endormir, invoquez les anges du sommeil, les esprits du monde des rêves. Demandez-leur un éclairage sur un sujet, défi ou enjeu que vous rencontrez. Vous développerez alors le contact avec votre ou vos guides, votre âme, et vous vous réveillerez au matin avec un merveilleux sentiment. Remerciez pour l'aide et l'éclairage reçus.

Exemple : « Anges et esprits du monde des rêves, merci de venir à moi cette nuit, merci de m'éclairer durant mon sommeil. J'aimerais être éclairée à travers mes rêves, savoir ce qui pourrait m'aider à (besoin). Merci. »

Prière de protection pour son enfant

Prière à faire au coucher :

« Je demande à l'ange ou à l'esprit gardien de (nom de votre enfant) de veiller sur lui cette nuit. Je vous demande de le protéger, de lui apporter guérison, de l'envelopper d'amour de lumière et de tout ce dont il a besoin en ce moment. Merci, c'est accompli. »

Visualiser votre enfant au lieu où il se trouve entouré d'une belle lumière et de la protection de son ange gardien, qui veille à ses côtés.

✦ Gratitude

Chaque fois que je prie, je remercie pour ce qui m'est donné. Je remercie pour ce qui est et je souhaite le meilleur pour la personne qui m'est chère en sachant qu'elle rencontrera sur son chemin ce dont elle a besoin pour son évolution et qu'elle a toutes les ressources en elle. Je fais confiance et je prie pour qu'elle soit bien guidée, accompagnée sur son chemin.

— Les clés de libération —

Recevoir

Établir un équilibre entre ce que je donne et ce que je reçois est primordial. Je vis un déséquilibre émotionnel lorsque je donne trop, ce qui peut me conduire à l'épuisement. Il est important de combler ses propres besoins d'abord, pour redonner ensuite avec plus d'amour, de détachement, maintenir un taux vibratoire élevé, donc plus de vitalité.

Trancher

Il est bon de couper les liens émotionnels toxiques. Avoir de l'amour pour soi, comme on en aurait pour un ami, notre enfant signifie aussi d'établir des frontières saines. Parfois, il est bon de prendre une distance sur une relation tout en préservant le lien d'amour. Lorsqu'une relation est toxique, il est important d'avoir assez d'amour pour soi pour trancher et prendre du recul.

Se respecter

Longtemps j'ai cru que l'éveil pouvait s'atteindre à force de méditation ou pratiques activant la glande pinéale et la kundalini. J'ai plutôt compris que l'éveil se vit dans l'acceptation de tout ce qui est et de toutes les parts de soi. Dans l'absence de jugement, de culpabilité et dans l'accueil des événements quotidiens dans un *flow* libre. Il a fallu traverser bien des souffrances, doutes, douleurs pour le comprendre.

Espace sacré

Il est important de s'offrir un espace à soi pour nourrir son âme. Un lieu à son image, un lieu de création ou de recueillement. Un lieu qui vous permette de vous retrouver pour être à l'écoute de vos intuitions, de votre âme, éveiller votre créativité. Un lieu où vous pouvez fermer la porte de l'extérieur pour entrer à l'intérieur. Il est essentiel de s'offrir ce lieu et de faire comprendre à votre entourage l'importance d'avoir un espace nourricier pour plus d'équilibre à tous les niveaux. Vous respecter, c'est les respecter.

Éveiller son intuition

Soyez bien à l'écoute de vos ressentis intérieurs, la voix de votre cœur, des signes sur votre chemin. On peut se détourner facilement de notre voie, parfois en écoutant l'opinion d'êtres chers voulant avant tout notre bien, mais pour qui le conseil ou le jugement est basé sur leurs propres interprétations, schèmes de pensée et blessures.

Chaque fois que j'ai pris des décisions en fonction de conseils d'une autre personne, sans que je l'aie ressenti ou validé en moi, cela m'a conduit vers une voie plus difficile. Lorsque les choses viennent à soi facilement, que le chemin se fait dans la joie, vous êtes alignée, vous suivez le chemin de votre cœur.

Pardonner

Par le pardon, je me libère et je libère l'autre. Ma vie est plus légère et je laisse entrer la lumière dans ma vie.

Écouter son corps

Mon corps me parle, par les malaises et les maladies. Il est un merveilleux outil pour vérifier si je suis alignée avec mon âme. La source des maux provient souvent de l'invisible, de non-dits, d'émotions refoulées, de blocages qui se manifestent dans le visible, dans le corps pour éveiller notre conscience. Soyez à l'écoute de vos malaises afin d'en trouver la racine invisible et de veiller à votre guérison.

Responsabilité (*Response-ability*)

La responsabilité est la capacité à répondre à toute situation. On ne pourra jamais rendre tout le monde heureux sans se mentir à soi-même. Il est primordial d'être dans sa vérité. Avoir la foi que l'autre a sa propre intelligence divine, qu'il a lui ou elle la responsabilité de son propre chemin et la capacité de répondre aux situations. Je n'ai aucun contrôle ou pouvoir sur les choix de mon prochain. Ma responsabilité est de préserver la paix en moi. Les blâmes que l'on projette sur moi ne m'appartiennent pas.

Capitaine de son âme

Je suis capitaine et non matelot sur mon navire ! Il est important de bien se connaître et de choisir la direction que l'on veut donner à sa vie. Ne pas offrir à qui ou quoi que ce soit le contrôle sur celle-ci. Je suis le seul maître à bord.

Spectateur

Je suis spectateur dans la vie de l'autre, sans être affectée par ses états d'être. J'observe avec détachement ses réactions, son mode de fonctionnement, avec amour et bienveillance envers mes propres émotions.

Musique

S'entourer de musique élève l'âme. Une musique qui vous fait rire, pleurer, reconnecter à votre force et votre puissance intérieure. Faites votre *playlist* !

Les meilleurs moments vécus avec mes filles durant ces années ont été lors de nos déplacements en voiture, ces moments où on mettait leur musique à fond : hip-hop, musique plus « *hard* »... Nos tensions se dissipaient, la musique nous unissait.

Autothérapie

Les milliers de kilomètres parcourus ces dernières années ont été des moments de pure thérapie. Cet espace pour penser, me changer les idées. Chanter, crier, rire, me parler, pleurer, improviser des chants, laisser les sons et les paroles surgir sans jugement. Je n'oublierai jamais ce moment sur l'autoroute. Avec ma Lune, on a lâché un grand cri, sorti le poids de toute la souffrance que nous portions. Tellement libérateur. Puis on a ri.

Rire

Le rire est une médecine puissante. Il libère nos pensées sclérosées, nous ramène à la joie de l'enfant. Il éclaire. Cherchez ce qui vous fait rire, vous rend joyeuse. Rire de soi, dédramatiser, prendre les événements avec humour. Prenez soin de vous, pour faire de la place à plus de légèreté, de souplesse et offrir de l'espace à cette merveilleuse médecine qu'est le rire.

Canaliser

La capacité de canaliser son guide intérieur ou les guides vous est donnée. C'est dans l'ouverture du cœur, en créant de l'espace en soi, sans attente que la connexion se donne. Par la pratique, soit de l'écriture inspirée, la méditation, les marches en nature, en silence, il vous sera possible de faire cette magnifique expérience qui changera votre vie. Des livres existent pour vous guider et vous éveiller à cette réalité.

Trente minutes par jour

Réservez au moins trente minutes chaque jour pour un moment, une activité qui vous fait du bien : lecture, marche, dessin, écriture, jardinage, création, méditation...

Nature

La connexion avec la Nature est la source de mieux-être numéro un. En silence et seule, offrez-vous plus de trente minutes en nature régulièrement, le temps que le petit hamster se calme dans votre esprit, que les pensées se dissipent pour faire place à plus de calme et de clarté. Les intuitions arrivent, la Nature apaise l'esprit, le cœur et toutes les tensions. La connexion avec la Nature favorise la connexion avec votre âme, par son écoute silencieuse, les images et les signes qu'elle vous renvoie, les intuitions profondes. Les décisions à prendre sur les enjeux que vous rencontrez deviennent alors claires. Ce sont des visions justes provenant de votre source.

Retraite

S'offrir trois jours pour déconnecter de la vie quotidienne, des appareils électroniques, informatiques, au moins deux fois par an, dans un lieu de ressourcement est extrêmement nourricier. Pour poser votre esprit, dans l'ordre et le calme, il s'agit d'une nourriture essentielle pour votre âme afin d'éveiller une créativité nouvelle.

Cercles de femmes

S'entourer de femmes, partager ses expériences, voir en l'autre le reflet de ce que l'on vit nous aide à traverser les épreuves. Ces rencontres de partage nous font voir nos forces, installent le sentiment de sororité, de connexion entre êtres humains. Nous vivons tous et toutes les mêmes apprentissages sous des formes différentes. Porter un regard bienveillant envers l'autre, offrir son appui par sa présence nous aide tout autant dans notre guérison.

Constellations familiales

Pour se libérer du poids de l'héritage familial, les croyances et les limitations inconscientes qui nous affectent, les constellations familiales sont extraordinaires. Elles permettent parfois d'ouvrir le barrage qui nous retenait, par une expérience profonde remplie d'humanité. Pour faire la paix avec sa famille, son histoire, c'est une clé puissante, dans la mesure où elle est dirigée par une personne de confiance, expérimentée.

Le feu

Allumez votre feu au quotidien par un simple geste : faire son feu, s'éclairer à la chandelle, brûler ce qui n'est plus d'actualité. Le feu vient transmuter les mémoires, offrir à la Source ce qui n'a plus lieu d'être en soi. Vous pouvez brûler de vieux souvenirs, des images de vous-même qui ne vous correspondent plus, ce que vous traînez et que vous souhaitez libérer.

L'eau

L'eau est la source de la vie. Le matin, j'ai pour habitude de prendre quatre gorgées d'eau pour remercier les esprits des quatre directions. Ce simple rituel que m'a confié Dominique (T8aminik) Rankin est très efficace et devient rapidement une routine essentielle.

Pour l'Est : Je remercie ma mère et la Terre Mère pour le don de la vie.

Pour le Sud : Aujourd'hui, je me donne tout ce dont j'ai besoin. Je m'offre « le besoin x » (nommer l'un de vos besoins essentiels).

Pour l'Ouest : Aujourd'hui, je tranche avec le passé.

Pour le Nord : Je remercie mes ancêtres et les guides qui m'accompagnent.

La Terre

Se coucher sur la Terre Mère. Dormir dans un tipi, sur des branches de sapin, est source de grande guérison, un grand nettoyage énergétique. Pour quelques minutes, une heure ou une nuit, prenez l'habitude de vous reconnecter à la Terre Mère.

L'air

Respirez. Prenez de grandes respirations abdominales dix minutes par jour. Couchée sur le dos, gonflez le ventre, maintenez et expirez par la bouche afin d'oxygéner le cerveau. C'est une manière très efficace pour réduire le stress et l'anxiété.

Nettoyer

Classez, ordonnez votre environnement pour mettre de l'ordre dans votre esprit. Nettoyez votre terrain, ramassez des branches, brûlez-les, faites de l'ordre dans votre maison. Ce que vous nettoyez à l'extérieur est aussi ce que vous nettoyez à l'intérieur.

Dormir

Ayez de bonnes nuits de sommeil, notez vos rêves au réveil.

Cartes oracle, art divinatoire

Trouvez le coffret de cartes oracle, l'outil qui résonne pour vous afin de vous accompagner au quotidien et de valider, d'éclairer vos ressentis. Avec le temps, vous reconnaîtrez la justesse de cet accompagnement.

Soins énergétiques

Offrez-vous régulièrement un soin énergétique : reiki, massage, fasciathérapie... L'équilibre des chakras est essentiel afin de vivre plus en confiance, en paix et avec plus de détachement émotionnel. L'équilibrage énergétique favorise le maintien de la vitalité et la connexion avec l'invisible tout en augmentant votre taux vibratoire. J'ai l'habitude de m'offrir un soin énergétique plusieurs fois par semaine. Lorsque je ne le fais pas, mon énergie est à la baisse et je ressens une fatigue, une fragilité émotionnelle. Je me sens facilement déconnectée. D'où l'importance de prendre soin de ses centres et corps énergétiques.

Tambour

La vibration qu'offre le tambour est exceptionnelle. La connexion que l'on a avec cet instrument est presque filiale. Il devient un compagnon, un prolongement du battement de son propre cœur. Le tambour est un instrument de guérison et de connexion avec le monde spirituel. Il nous permet de libérer notre voix, le chant de notre âme et d'atteindre une fréquence vibratoire plus élevée, nous faisant voyager dans le monde non ordinaire pour prendre contact avec nos alliés spirituels. Faire naître son tambour est une chose que je vous suggère grandement.

Vous dorloter

Offrez régulièrement à votre corps l'amour et la douceur dont il a besoin. C'est votre instrument dans cette incarnation. Offrez-lui la nourriture non seulement physique, mais aussi les soins pour le nourrir et le maintenir en santé, afin qu'il puisse vous accompagner longtemps sur votre chemin !

Écrire

L'écriture inspirée est un bon moyen de mettre de côté le mental pour se connecter avec son âme, son guide intérieur ou le monde spirituel. En faisant l'exercice régulièrement, laissez aller la plume... sans direction précise, sans jugement, laisser les mots se dessiner, faites confiance à votre cœur. Le matin à la chandelle quand tout le monde dort à la maison. Prenez un moment dans le calme, avec une musique douce, vous serez étonnée et éveillerez la foi, la confiance pour vous aider sur votre chemin de libération.

Remerciements

Merci à toute l'équipe des Éditions Trédaniel pour la grande confiance témoignée, l'ouverture et l'opportunité de partager.

Marc-Antoine, mon renard étoilé, je ne trouve pas les mots pour décrire ce que je ressens envers notre histoire, ton accompagnement et l'amour inconditionnel témoignés ces dernières années. Tu m'as aidée à *choisir ma marche* avec une écoute et une patience divines. Merci infiniment. Nos chemins se séparent, mais le lien d'amour demeure.

Mon Soleil, ma chérie, avec toi, j'ai rencontré mes plus grandes peurs et tu m'as ouvert à un amour plus grand. Dans ton besoin de liberté, tu m'as donné beaucoup. Je suis désolée d'avoir blessé ton cœur parfois, de t'avoir manqué de respect. J'étais perdue et je veux faire mieux maintenant. Je sais que ces dernières années ont été difficiles pour toi. J'admire ton courage, ta persévérance et ta beauté. Je crois profondément en toi. Je t'aime très fort. Tu m'enseignes chaque jour. Je souhaite te rendre hommage et rendre hommage à notre histoire. Éveiller par notre exemple la compréhension de tout ce que la vie nous offre pour faire grandir l'amour. Je suis et serai toujours fière de toi.

Ma Lune, ma chérie. Je suis tellement fière de toi. Tu as vécu de grandes épreuves ces dernières années avec courage. Je reconnais que tu as puisé au fond de toi, dans les ténèbres, la lumière qui te guide un peu plus quand ta foi vacille. Je t'aime et je serai toujours là pour toi.

Notre voyage en Angleterre m'a fait voir encore plus la femme extraordinaire que tu es. J'ai profondément confiance en toi. Rappelle-toi que tu es soutenue dans chacun de tes pas, chaque expérience a son bon côté. Ouvre tes ailes ma chérie, tu as des talents extraordinaires. Merci pour tout.

Mes filles d'amour. Soyez fières de votre lignée, de votre héritage. Soyez libres d'être qui vous êtes, de vivre votre vie à l'image de votre âme, vous êtes extraordinaires. Vous êtes guidées et aimées. Je suis convaincue que vous saurez trouver les ressources nécessaires sur votre chemin pour vous accompagner dans vos défis, vous relever chaque fois que vous tomberez. Vous êtes fortes et belles.

Amanda, petite fleur d'étoile qui me guide dans l'invisible. Je reconnais maintenant ta présence, ton soutien. Merci de m'encourager à avancer et à marcher vers la lumière.

Merci maman. Merci pour la vie. Pour tous ces espaces chaleureux, l'appartement à Québec, ces lieux accueillants que tu as mis en place et où j'ai pu aller me poser seule ou avec les filles. Avec générosité, amour, tu nous as toujours accueillies, aidées, offert le meilleur pour chacune de nous.

Merci papa. Pour ton aide, ton soutien, ton amour. J'honore tout ce que tu as fait pour tes enfants et petits-enfants. L'accueil, non sans difficultés, des épreuves et ton désir de mieux-être pour nous toutes est honorable. Je t'aime.

Merci David, tu as traversé toi aussi ce grand passage avec courage. Je reconnais tout ce que tu fais au mieux de tes capacités, dans les circonstances pour nos filles depuis tant d'années. J'honore ta persévérance et ta résilience. Je te remercie. Que la paix intérieure et l'amour t'habitent afin de faire des choix en accord avec tes désirs profonds.

Merci Agathe et Benoi. Vous avez tant donné, toujours présents pour vos enfants, vos petites-filles, avec amour. Je vous suis profondément reconnaissante. J'honore votre courage, l'amour inconditionnel que vous témoignez.

Mes sœurs et frère, Héloïse, Amélia et Antoine. Merci pour votre amour et votre soutien bienveillant depuis toutes ces années.

Mes grands-parents qui habitent maintenant l'autre monde, j'honore votre mémoire ; Clément Lemay (Amélia Rivard, Eleucipe Lemay), Claire Desrochers (Ida Houde, Raymond Desrochers), Pierre Boulet (Gilberte Blais, Ludger Boulet), Mariette Masson (Simonne Laveau, Maurice Masson) et les précédents.

Mon ancêtre, Marie-Félix Ouentouen Arontio, huronne-wendate, pour la présence certaine sur mon chemin.

Murielle Robert, merci pour *Le Tarot des 4 vérités* qui m'accompagne depuis plus de dix ans quotidiennement, avec justesse.

Mes amis qui à leur façon ont soigné et éveillé mon âme ces dernières années, à l'écoute, bienveillants, compatissants, sans jugement et patients.

Monique Mathieu, Grand-Mère Louve, ma sœur, pour ton exemple, ton amour, ta générosité, la liberté en toi, les rencontres entre femmes, ton havre de paix, le refuge où je suis allée me ressourcer plusieurs fois. Sonia Laquerre et Stéphane Arsenault pour l'exemple de votre amour, l'unité et les espaces de guérison. Sonia pour ta force, ton courage, ta solidité. Line Paradis, éclaireure guerrière de lumière pour la libération familiale et ton exemplarité. Mon amie Geneviève Caron pour ta compréhension, ta présence, ton courage et nos chemins parallèles. Mes amies du fleuve Nathalie Gagnon, Chantal Caron, Anny Morin, Stéphanie Fournier, Martine Bélanger, Mijanou Roy, Esther Nadeau, Noëmie Bélanger, Kokia Sun. Mes amis du Centre Créa Daniel Soucy, Lise Simard, Luis Antonio Diaz Yanes, Annabelle. Mes amis Kina8at : T8aminik, Marie-Josée, Thomas, Thierry, Maud Jenny, Luc, Cynthia, Djelloul. Raphaëlle, Émile, Alexis, Frédérick et la famille de Marc-Antoine. Les amis, voisins et habitants de Saint-Jean-Port-Joli que j'ai quittés trop vite. Mes collègues du Centre d'intégration au marché de l'emploi à Sherbrooke. Mélanie Dumais, psychologue, pour ton ouverture et ton soutien précieux. Les intervenants du centre de réadaptation jeunesse de Lévis, particulièrement Chanelle, pour la joie apportée à ma fille durant son séjour. Marijo, intervenante de proximité chez Alliance Jeunesse à Lévis, merci pour ton soutien.

Femmes et hommes inspirants : Véronique Broomfield pour l'exemple et l'accompagnement sur mon chemin vers plus d'alignement et d'abondance. Lisa Nichols, Maud Séjournant, Clarissa Pinkola Estés, Doreen Virtue, Loumitea, Sandra Ingerman, Paul Ferrini, Eckhart Tolle, et plus.

Autochtones, Premières Nations, Métis et Inuits, exemples premiers. J'honore votre résilience.

Merci Grand Esprit, guides de lumière, Maîtres ascensionnés et ancêtres qui m'accompagnent avec amour et bienveillance. Vous qui veillez sur nous.

Marie-Claude Demers et Karine Pelletier, femmes dans votre chemin. Merci pour l'amour dont vous faites preuve dans l'accompagnement. Vous êtes des étoiles qui guident nos pas.

À Papillon et Espérance, nos chats qui nous ont quittés durant cette épreuve. Papillon merci pour ces dix ans de bonheur en ta présence, pour ton calme, ta présence réconfortante, puisses-tu veiller sur nous. Espérance, que ta vie soit douce ma petite.

À toutes mes relations.

Bibliographie

Un livre phare dans la traversée

L'Amour sans conditions – Réflexions de l'esprit christique, Paul Ferrini, Le Dauphin Blanc, 2006.

Art divinatoire

La Sagesse du fou, cartes oracle, Sonia Choquette, Éditions Exergue, 2020.

Les Anges, cartes oracle, Ambika Wauters, Éditions Contre-Dires, 2016.

Dés de la destinée, Les Jeux Ludex Inc., 1987.

Les Cartes médecine, Jamie Sams et David Carson, Éditions du Roseau, 2000.

Le Tarot des 4 vérités, Murielle Robert, muriellerobert.com.

Yi Jing, Le livre des changements, Cyrille J.-D. Javary et Pierre Faure, Éditions Albin Michel, 2012.

Références

Femmes qui courent avec les loups, Clarissa Pinkola Estés, Éditions Grasset et Fasquelle, 1996.

La Clé de votre énergie, Natacha Calestrémé, Éditions Albin Michel, 2020.

La Voie du chamane, un manuel de pouvoir et de guérison, Michael Harner, MAMA Éditions, 2014.

Le Cercle de vie, Maud Séjournant, Éditions Albin Michel, 2001.

Le Grand Dictionnaire des malaises et des maladies, deuxième édition, Jacques Martel, Les Éditions ATMA internationales, 2007. Le dictionnaire le plus complet relié aux conflits engendrés par les pensées, les sentiments et les émotions à l'origine de la maladie.

Les Boucliers de médecine (*Medecine Cards*), Jamie Sams et David Carson.

Les 13 mères originelles, Jamie Sams, Éditions Véga, 2011.

Nouvelle Terre, Eckhart Tolle, Ariane Éditions Inc., 2005.

Oui à la vie !, Marie-Claude Demers, 2016.

Secrets de Grand-Mère, Monique Mathieu, 2021.

Siddhartha, Hermann Hesse, Éditions Bernard Grasset, 1925.

S'ouvrir au channeling, Comment se relier à son guide, Sanaya Roman et Duane Packer, MAMA Éditions, 1993.

Pour contacter ou obtenir les services de l'auteure

Marie Anne Lemay
Auteure – accompagnante – praticienne énergétique
marieannelemay.com
L'Arbre en moi – Sagesse de la Terre et des Premières Nations (Véga)

Marc-Antoine Dion
Auteur – guide accompagnant – fasciathérapeute
Ulysse-Adam (contacter l'auteur)

Karine Pelletier
Thérapeute énergétique
karineenergie.com

Marie-Claude Demers
Créatrice de liberté
creatricedeliberte.com
Oui à la vie ! (disponible auprès de l'auteure)

sepec numérique
Impression & brochage - France
Numéro d'impression : N27305230414 - Achevé d'imprimer : Avril 2023
Dépôt légal : Avril 2023
IMPRIM'VERT®
PEFC 10-31-3532 / Certifié PEFC / Ce produit est issu de forêts gérées durablement et de sources contrôlées. / pefc-france.org